中学语文教学高质量发展的工具书

生活语文·教学实践

朱庆红 编著

吉林人民出版社

图书在版编目（CIP）数据

生活语文·教学实践／朱庆红编著 . -- 长春：吉林
人民出版社，2024. 10. -- ISBN 978-7-206-21539-1

Ⅰ. G633. 302

中国国家版本馆 CIP 数据核字第 2024MG2655 号

生活语文·教学实践

SHENGHUO YUWEN JIAOXUE SHIJIAN

编　　著：朱庆红

责任编辑：衣　兵　　　　　　装帧设计：书香力扬

出版发行：吉林人民出版社（长春市人民大街 7548 号　邮政编码：130022）

印　　刷：四川科德彩色数码科技有限公司

开　　本：889mm×1194mm　1/16

印　　张：12. 5　　　　　　　字　　数：240 千字

标准书号：ISBN 978-7-206-21539-1

版　　次：2025 年 1 月第 1 版　　　印　　次：2025 年 1 月第 1 次印刷

定　　价：68. 00 元

编 委 会

编　著：朱庆红

编　委：覃汝俊　王庆华　罗芝银　李天伟

　　　　唐　铭　王时松　瞿红艳

目 录
CONTENTS

自 然 美

　　人们生活在自然之中，大自然也已深深融入人类的精神世界，成为人类心灵的寄托。自然界中处处有"语文"，本章将了解感受文人墨客对自然风光的赞美与欣赏，深度感受大自然的魔力。

第一节 天高云淡·贵定金海雪山

 阅读提醒

一、何为"金海雪山"

贵州省贵定县的金海雪山景区位于盘江镇，自然资源丰富，民族文化独特。景区内有 14 个布依民族自然村寨，以淳朴民风和浓厚民族特色著称。作为重点旅游景区，金海雪山荣获多项殊荣，包括"中华布依第一寨""全国农业旅游示范点""中国酥李之乡""贵州十大魅力景区""中国最佳文化生态旅游目的地""中国稻雕艺术之乡"和"中国稻雕艺术传承基地"等荣誉。

图 1　金海雪山大门　　　　　　　　　　图 2　金海雪山乡愁园

该景区包含三大景点集群：乡愁园布依文化景点集群、音寨村布依村寨景点集群和四季花谷休闲景点集群。乡愁园景点集群包括游客服务中心、农乐广场、二十四节气展示、图腾柱、金海雪山大门、牤牛阵、天下粮仓、原村记忆、稻梦空间等。音寨村景点集群有音寨寨门、音寨桥、民族溯源碑、水巷街市、古越今声演艺中心等。四季花谷景点集群以花卉观赏为主，包括鲜花广场、玻璃教堂、荷兰风情园、花厨有机餐厅等。

二、布依音寨与金海雪山

音寨有着悠久的历史，被列为贵州省的民族自然保护村镇之一。这里保存着丰富的布依族建筑文化，如青瓦房、封火墙等，展现了独特的民族风情。青山绿水之间，鸳鸯鸟翩翩起舞，翠柏与银杏相映成趣，构成了一幅生动的布依族生活画卷，吸引了无数游客前来欣赏。

图3　音寨石碑

音寨的春日景色美不胜收，油菜花与李花交相辉映，形成了一幅绚烂多彩的画面，仿佛给山头披上了一层薄雪，令人陶醉。这种黄与白的交融，宛如一幅山水墨画，诗意盎然，令人难以忘怀。

音寨历史悠久，是贵州省著名的民族自然保护村镇之一。这里保存着丰富的布依族建筑文化，青瓦房、封火墙等建筑特色展现了独特的民族风情。青山绿水间，鸳鸯鸟翩翩起舞，翠柏与银杏相映成趣，勾勒出一幅生动的布依族生活画卷，吸引

图4　音寨民族溯源碑

了众多游客前来欣赏。

三、金银之乡

金海雪山地区的油菜花田
如同绚丽的黄色画卷，展现着
无尽的美丽。曲折蜿蜒的小路
在花海中延伸，仿佛海风轻拂
波涛般的美妙。一条清澈的河
流穿越花海中央，将整片花海
一分为二。在广阔的田野上，
一幅巨大的"中华布依第一
寨"画作引人注目，为整个景
区增添了浓厚的文化氛围。

图 5　音寨村规

金海雪山地区依托全国农业现代化示范区和贵州省农文旅融合引领区的优
势，为游客提供了多样化的优质住宿选择、独特的民族特色礼品以及夜间游览
项目，为游客提供了更多停留的理由。为了促进文旅融合，景区还举办了金海
雪山文化旅游节、稻雕艺术节等具有地方特色、文化内涵丰富的节庆活动，让
游客能够深入体验当地的文化和旅游魅力。

知识拓展

适用于描写贵州山水美景的经典诗句

唐代诗人孟郊《赠黔府王中丞楚》——旧说天下山，半在黔中青。

明代大儒王阳明——天下山水之秀聚于黔中。

旅游家徐霞客——天下山峰何其多，唯有此处峰成林。

阅读任务

山水田园诗

　　山水田园诗，自南北朝谢灵运与晋代陶渊明始，便成为汉族诗人钟爱的创作主题，历经唐宋王维、孟浩然、杨万里等诗人之手，逐步塑造出鲜明的艺术风貌。这类诗歌聚焦于自然美景、农村风光及隐逸生活，呈现出清新、隽永的风格。诗人们善用清新脱俗的语言和白描手法，精准勾勒出山水的静谧与田野的宁静，从而构建出如田园牧歌般的生活图景。在这些诗作中，诗人们不仅表达了对现实的不满和逃避，更寄托了对宁静、平和生活的深切向往。

　　查阅资料，从孟浩然、王维、李白等诗人创作的山水田园诗中选择一首，理清楚所选诗词所描绘的自然风光所指何地，并赏析诗人在创作诗词的过程中想要表达的思想感情。

第二节　清风徐来·荔波小七孔

 阅读提醒

一、自然美景尽收眼底

（一）小七孔的来历

小七孔桥，一座历史悠久的七孔拱桥，始建于清道光十五年。它横跨响水河，是贵州南部通往广西的重要商旅通道之一。由于附近还有一座规模更大的七孔拱桥，人们便称这座桥为小七孔桥。传说中，这座桥是由七位姑娘共同砌成的，

图1　小七孔古桥

因此也常被亲切地称为七姑桥。如今，小七孔桥已经成为一处迷人的风景区，整个景区也因此得名小七孔。这里以其独特的自然风光和丰富的历史文化内涵吸引着众多游客前来观赏和体验。

（二）小七孔景区的自然奇观

小七孔景区坐落于一条深邃的峡谷之中，其宽度大约1公里，而长度则延伸至12公里。这里巧妙地融合了洞、林、湖、瀑、石、水等各种自然景观，构

成了一幅精致而秀美的画卷，因此被誉为"超级盆景"。目前，小七孔景区已向游客开放多个景点，如铜鼓桥、小七孔桥、涵碧潭、拉雅瀑布、68级跌水瀑布、野鸭池、龟背山、飞云洞、野猪林、水上森林、天钟洞、香草园、鸳鸯湖和卧龙潭等。

（三）樟江百里画廊

樟江是贵州黔南州最大的河流，它的源头位于月亮山原始森林，穿越荔波全境，流向从东北至西南。荔波这个名字来源于布依语，荔字表示美丽，波字则代表山谷或山坡，整个名字描绘出了美丽山谷和山坡的景象。荔波因其迷人的自然风光吸引了众多游客。在秦王嬴政三十六年（前211年），荔波县已成为象郡毋敛县的一部分。唐贞观三年（629年）设立了婆览县，后来在玄宗开元元年（713年）至天宝三年（744年）之间，又更名为劳州和莪州。到了宋开宝三年（970年），荔波州以羁縻之名设立。

（四）小七孔水上森林

水上森林，总长约600米，由上下两段组成。在这片区域里，乔木和灌木茂密生长，沿河谷延伸，构筑起了一道生机勃勃的绿色屏障。清澈的河水穿越这片丛林，从树木之间流淌而过。经过长时间的冲刷，河床变得光滑洁净，磐石也呈现出圆润的形态。尽管如此，树木依然顽强地扎根在河床之中，四季常绿，与河水和谐共生。这种景象展现了水在石头上流淌、树木在水中生长的独特之美，令人叹为观止。

（五）拉雅瀑布的优雅身姿

拉雅在布依族语中代表着美丽的姑娘，这个含义为小七孔风景区增添了更多的民族风情色彩。拉雅瀑布，它的宽度约有10米，而高度则达到了30多米。与黄果树瀑布的雄伟壮观相比，拉雅瀑布更像是一位婀娜多姿的美少女。在景区的东大门处，有一座名为铜鼓桥的桥梁，它横跨在樟江河上，建于1993年。铜鼓桥的长度为126米，净跨度为60米，宽度为2.4米，高度为25米。桥的两端采用了瑶山铜鼓的造型，因此得名。在瑶族的文化中，铜鼓被视为神赐之物，代表着权力。当观赏拉雅瀑布时，你会看到它悬挂在蓝天之下，旁边有白云作为点缀，仿佛天河从天而降。瀑布的声势如山倒，吼声如雷，非常壮观。拉雅瀑布腾空喷泻，横向坠落，与同响水河纵向错落的 68 级跌水瀑布一同，构成了一幅立体交叉的瀑布群景观。

图 2　拉雅瀑布

二、人文美景——民俗风情

荔波县有 92% 的少数民族人口比例，这里汇聚了布依族、水族、苗族、瑶族、汉族等多个民族。这些民族与大自然和谐共处，共同孕育了丰富多样的民族文化与独特风情。荔波的传统民居、纺织技艺、农耕方式、民族服饰、古法造纸术、婚丧礼仪以及节日习俗等文化元素，至今仍然保留得相当完整。这些文化元素与荔波的自然景观相互融合，形成了一种独特的人文景观，每年吸引着大量游客前来观赏。

荔波的百里画廊之美不仅仅体现在其壮丽的喀斯特森林、峰丛和清澈的漳江河水，更在于这里所展现出的天然原始之美和当地人的淳朴热情。作为世界自然遗产地，荔波县的青山绿水、山峰重叠、变幻莫测的喀斯特地貌，都充分展现了人与自然和谐共生的美丽画卷。这种壮丽景色令人心驰神往，难以用语言和图画完全描绘。

美丽的拉雅瀑布

阮居平

在小七孔的峡谷深处，

有一道天然的拉雅瀑布，

它一路纷纷扬扬，

又一边轻飘漫舞，

像迷人的弧光闪电，

像晶莹的琼花玉树。

啊！瀑布、拉雅瀑布，

在锦绣如画的布依山乡，

悬挂出五彩缤纷的蜡染花布。

在小七孔的峡谷深处，

有一道清新的拉雅瀑布，

它一路拨动琴弦，

又一边敲起响鼓，

像千条珠链在翻滚，

像万只喜鹊在欢呼。

啊！瀑布、拉雅瀑布，

在神秘的原始森林地带，

鸣奏着宛如天籁的美妙音符。

📖 **阅读任务**

现代诗以其多样的形式和深厚的内涵，着重于意象的塑造，而非单纯的修辞。与古诗相比，现代诗同样关注外部世界与内心世界的映射，但它更加强调自由与开放，追求直率的表达，努力在理性与感性之间搭建沟通的桥梁。其主流形式为自由体新诗，采用白话文来摆脱传统的束缚，内容则紧贴新时代的生活和思想观念。

从小七孔自然景观中，任选一处，创作一首现代诗，并尝试将其变成脍炙人口的歌曲。

第三节　碧草连天·龙里油画大草原

 阅读提醒

一、龙里大草原将油画搬进现实

龙里油画大草原旅游区是贵州省黔南布依族苗族自治州龙里县龙山镇余下村的一处风景胜地。这里由多个大小不一的草坪组成，海拔位于 1500 至 1700 米之间。景区内不仅有茂密的原始植被草场，还盛开着数百亩的格桑花

图 1　秋季的龙里油画大草原

和白杜鹃花海。龙里油画大草原以其独特的美景吸引着游客，它融合了贵州高原的雄伟山峦和北方草原的辽阔空旷。游客在这里可以欣赏到群山连绵、蓝天白云与绿草相映的美景，还能观赏到落日余晖和旋转的风车，构成了一幅绝美的油画。此外，游客还可以参与骑马、露营、游船、放风筝、烧烤等多种活动，感受独特的苗族风情，夜晚还能欣赏到璀璨的星辰和龙里的万家灯火。

第一章　自然美

011

二、风吹草低见牛羊的自然风光

龙里油画大草原是贵州省内罕见的高山草原景区，以其独特的起伏草坪和高山风光而著称。在这片迷人的草原上，游客可以在夏日的微风中漫步，感受花香四溢，或者静静地坐在一角，欣赏云彩的变幻，享受难得的宁静与惬意。

图 2 龙里油画大草原上的马群

龙里油画大草原以健康生态旅游为核心，为游客提供了丰富的体验活动。游客可以乘坐观光缆车欣赏高山草原的壮丽景色，体验滑翔滑草的刺激与乐趣，品尝生态美食，享受精品民宿的舒适与宁静，还可以观赏马郎风情表演，感受浓厚的民族文化氛围。

在草原上，游客可以呼吸到清新的空气，感受到青草的香气，这是大自然对游客的恩赐。远眺四周，贵州高原的层峦叠嶂与北方草原的辽阔与宁静交相辉映，构成了一幅美丽的画卷。

三、龙里油画大草原上的斗牛节

龙里县的苗族是其主要民族群体之一，他们大多聚居在县南部的多个区域。苗族服饰文化历史深远，最早可见于宋代的文献记载，清代的《百苗图》中也有详尽的描绘。这些服饰上的纹样、图案和装饰都反映了苗族的迁徙历史，同时也展示了他们数千年的生产、生活、文化习俗、宗教信仰以及地方风情。

　　苗族斗牛，也被称作"放牛打架"，是一项具有浓厚民族特色的活动。每年的正月初五、十五、二十五，开阳平寨等地都会举办盛大的斗牛比赛。届时，众多牛主会带着他们雄壮的牯牛前来参赛，各族的群众也会穿上盛装前来观看，整个场面热闹非凡。斗牛节的起源与苗族对牛的崇拜和喜爱有关，传说中，苗族的始祖蚩尤就是牛首人身的形象，因此牛在苗族文化中具有重要的象征意义。经过多年的演变，斗牛已经从原本庆祝丰收、放松心情的活动，发展成为苗族传统文化中不可或缺的一部分。

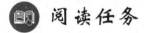 **知识拓展**

草原诗三首

一

黄毯悄然换绿坪，古原无语释秋声。
马蹄踏得夕阳碎，卧唱敖包待月明。

二

极目青天日渐高，玉龙盘曲自妖娆。
无边绿翠凭羊牧，一马飞歌醉碧霄。

三

斜阳无睹看斜阳，山包林荫俱染黄。
莫道老牛归去饱，牧人炉下正生香。

阅读任务

草原文化

草原文化，作为中华文化中不可或缺的一部分，其发源地遍布我国辽阔的北方地域。通过考古发现，找到了大量早期人类活动的痕迹，如大窑文化、萨拉乌苏文化、扎赉诺尔文化等，这些都为草原文化的起源提供了确凿的证据。此外，草原地区还孕育了众多与中华文明起源紧密相关的文化遗存，如兴隆洼文化、赵宝沟文化、红山文化等。这些文化共同构建了红山诸文化体系，凸显了我国北方草原地区文化在中华文明初期阶段的重要地位。与黄河文化、长江文化并驾齐驱，草原文化共同构成了中华文化的多元源头，为中华文化注入了丰富的内涵和源源不断的活力。

调查所在地区是否存在类似于草原文化的地域特色文化，若存在，则从历史文化演变的角度剖析该文化生成之缘由。若不存在，需阐述缘何未能孕育出地域特色文化。

第四节　天上来水·安顺黄果树瀑布

 阅读提醒

一、雄、奇、险、秀

黄果树瀑布，坐落于我国贵州省安顺市镇宁布依族苗族自治县，瀑布因其宏大的水量而广为人知，高度约为 80 米，其中主瀑布高约 70 米，宽度达到 101 米，主瀑布顶宽约 83 米。在黄果树瀑布群中，它是规模最大的一级瀑布，同时也是全球知名的大瀑布之一。

在水量充沛的时刻，瀑布的水花犹如繁星点点，四溅开来，足以覆盖高达百多米的黄果树街区。其磅礴的声响，穿越空气，即便在两三里之外也能清晰听闻。而当水量稍显不足时，河水依然巧妙地分为四支，宛如四条银色的绸带，顺着岩壁流淌，其雄浑的气势依旧不减分毫。

图 1　水流量较大时的黄果树瀑布

在黄果树瀑布的背后，隐藏着一个独特且神秘的水帘洞。这个水帘洞全长134米，它巧妙地穿越瀑布，仿佛是一个隐秘的世界。水帘洞由6个洞窗、5个洞厅、3股洞泉以及6个通道构成，其复杂而精致的构造令人叹为观止。在世界各地的瀑布中，此类水帘洞实属罕见，它的存在为黄果树瀑布增添了一份别样的魅力。

在瀑布的前方，有一个深邃的岩溶峡谷，左侧是峭壁悬崖，长满了茂密的树木，显得生机勃勃；而右侧则是覆盖着钙华的斜坡和石笋林立的山峦，鲜花盛开，构成了一幅如诗如画的美丽景色。在峡谷之中，犀牛潭和马蹄潭等水潭相互连接，共同营造出了壮观的瀑布景致。

与瀑布遥遥相对的，是一座历史悠久的观瀑亭。清代著名书法家严寅亮曾在此留下了脍炙人口的名联："白水如棉，不用弓弹花自散，红霞似锦，何须梭织天生成。"这副对联生动地描绘了瀑布的壮丽景象，就像白色的棉花一样，不需要弓弹就能自然散落，而红色的霞光则像锦绣一般，无需梭织便自然呈现。

黄果树瀑布不仅是一处自然景观的瑰宝，更是一个充满神话传说的圣地。它的名字来源于一个流传于贵州民间的神话故事。传说中，有一棵结满黄色果实的树成为故事的亮点，因此瀑布也得名于此。

二、《徐霞客游记》中的黄果树

明崇祯十一年（1638年）四月二十三日，徐霞客前往黄果树进行了实地考察，并对当地的瀑布大加赞赏。当天，他从镇宁出发，到达黄果树地区时，首先遇到的是一个名为白水河铺的村落，现在可能被称为白水村或白水河村。他继续向西行走了两里路，远远地就听到了流水的轰鸣声。向北望去，他突然看到一股水流从东北的山腰倾泻而下，跌入深谷中。只见

图2　徐霞客像

上空翻涌的白浪高达数丈，但由于悬崖对岸的遮挡，他无法看到水流的下部。

陡坡塘瀑布，今日再度展现其壮丽景色，高度达到了 21 米，宽度更是宽达 105 米，无疑是黄果树瀑布群中最为壮观的瀑布之一。当年，徐霞客曾遥望此瀑布，但因种种原因无法亲身接触，深感遗憾，内心充满了对其真容的渴望。幸运的是，他遇到了一位挑夫，挑夫告诉他："先生，这就是白水河，前方的瀑布更是壮观无比。"于是，徐霞客继续前行，终于抵达了白虹桥。这座桥横跨南北，拥有三个桥洞。站在桥上，徐霞客可以清晰地看到上下游水流宽广，每隔数丈便有一浅滩，水流从河床中喷薄而出，如同白鹭翱翔天际一般壮观。徐霞客不禁由衷地赞叹道："白水河，真是名不虚传啊！"

走过白虹桥后，徐霞客又听到了那令人振奋的水声。他惊叹不已："这简直是大自然的奇迹！"紧接着，一幅更加壮丽的瀑布景象展现在了他的眼前。当日的日记里，他详细地记录了自己内心的激动之情："向南望去，左侧有一条溪流如同悬挂的绸带般倾泻而下，飞瀑如练，蔚为壮观。溪面上布满了莲叶般的石头，其中有三处洞口，水流从叶顶漫过，宛如万幅鲛绡横悬于门外。水流垂直跌落，高度无法估量，水珠四溅，如同烟雾弥漫，气势磅礴。即便是用'珠帘钩不卷，匹练挂遥峰'等词句，也难以形容其壮观景象。"这位足迹遍布我国的杰出地理学家和旅行家继续写道："我所见过的瀑布虽多，有的高度甚至数倍于此，但如此宽广壮观的瀑布却未曾目睹。站在高处俯瞰，仍让人心生敬畏。"

三、陡坡塘——《西游记》取景地

黄果树瀑布群中，陡坡塘瀑布以其雄伟壮丽的景色脱颖而出，吸引了众多游客前来观赏。瀑布宽度高达 105 米，垂直落差达 21 米，沿着 100 多米长的钙化滩面延伸，充分展现了喀斯特地貌的独特魅力。在雨季，瀑布的水帘均匀洒落在宽阔的瀑面上，

图 3　陡坡塘瀑布

就像是一层层轻盈飘逸、半透明的面纱，闪烁着迷人的银光。而在洪水季节，白水河携带着大量泥沙，使瀑布显得更为磅礴壮观，犹如一匹失控的野马奔腾而下，展现出别样的风采。此外，陡坡塘瀑布还有一个令人惊叹的景观，那就是瀑布左侧由钙化物堆积而成的洞穴。当洪水经过时，洞穴会产生神奇的汽笛效应，发出低沉而雄浑的吼声，使瀑布更加震撼人心。

苏教版国标本第九册课文《黄果树瀑布》

苏教版国标本第九册课文《黄果树瀑布》黄果树瀑布，真是一部大自然的杰作！

刚进入黄果树风景区，便听到哗哗的声音从远处飘来，就像是微风拂过树梢，渐近渐响，最后像潮水般涌上来，盖过了人喧马嘶，天地间就只存下一片喧嚣的水声了。

通过树的缝隙，便看到一道瀑布悬挂在岩壁上，上面折为三叠，好像一匹宽幅白练正从织布机上泻下来。那哗哗的水声便成了千万架织布机的大合奏。

瀑布激起的水花，如雨雾般腾空而上，随风飘飞，漫天浮游，高达数百米，落在瀑布右侧的黄果树小镇上，形成了远近闻名的银雨洒金街的奇景。

黄果树瀑布泻落在一片群山环抱的谷地里。自西面顺着石阶往下走，一直来到谷底。坐在水边一块岩石上，离那道瀑布近得很，中间只隔着一口小小的绿潭，仿佛一伸手便可以撩过来洗洗脸。瀑布泻入谷底溅起的水珠直洒到我们的脸上，凉丝丝的，舒服极了。

黄果树瀑布虽不如庐山瀑布那样长，但远比它宽，所以显得气势非凡，雄伟壮观。瀑布从岩壁上直泻下来，如雷声轰鸣，山回谷应。坐在下面，仿佛置身于一个圆形的乐池里。四周乐声奏鸣，人就像漂浮在一片声浪之中，每个细胞都灌满了活力。

久久地坐着，任凉丝丝的飞珠扑上火热的脸庞，打湿薄薄的衣衫。聆听着訇然作响的瀑布声，只觉得胸膛在扩展，就像张开的山谷，让瀑布飞流直下，挟来大自然无限的生机。

离开潭边，循着石径登上溪旁的一个平台。绿树掩映间，有一座徐霞客的塑像。他遥对瀑布，仿佛在凝神谛听远处的瀑布声。他完全沉醉了。此时此刻的我们，也完全沉醉了。

📖 **阅读任务**

望庐山瀑布

李　白

日照香炉生紫烟，遥看瀑布挂前川。

飞流直下三千尺，疑是银河落九天。

　　《望庐山瀑布》是李白的一首经典七言绝句，通过生动细腻的笔触，将庐山香炉峰与瀑布的壮美景色展现得淋漓尽致。诗中，李白以丰富的想象力和高超的描绘技巧，将香炉峰描绘成一座巍峨耸立、气势磅礴的巨大香炉，在红日的照耀下，升腾起团团白烟，形成一片紫色的云霞，为后续的瀑布描绘营造出一种神秘而壮美的氛围。

　　接着，诗人将视线转向山壁间的瀑布，用"挂"字巧妙地将瀑布的静态美展现出来，同时化动为静，生动地呈现了瀑布在远观中的壮丽姿态。诗人通过"飞"字和"直下"二字，将瀑布喷涌而出的磅礴气势和山势的高峻陡峭展现得淋漓尽致。

　　最后，诗人以一句"疑是银河落九天"的震撼语句作结，将瀑布的壮美景象与银河相提并论，形象地表现了瀑布的壮丽与浩渺。这种巧妙的比喻和生动的描绘，使读者仿佛身临其境，感受到了庐山瀑布的震撼与美丽。

　　整首诗以李白独特的视角和笔触，展现了庐山香炉峰与瀑布的壮美景色，同时也表达了诗人对大自然的热爱与赞美。诗中充满了诗人的浪漫情怀和豪迈气魄，成为中国文学史上的一首经典之作。

　　请你通过阅读上述资料，分析李白创作的《望庐山瀑布》哪些内容适用于描写黄果树瀑布，并站在黄果树瀑布前体验李白创作这首诗的意境，实现跨越千年的心灵交流。

第五节　鬼斧神工·安顺龙宫

 阅 读 提 醒

一、龙宫的组成

龙宫，位于贵州省安顺市南郊，与黄果树风景区相邻，距离贵阳市 116 公里。它占地面积 60 平方公里，包括中心、漩塘、油菜湖、仙人箐四大景区。这里是中国最长、最美丽的水溶洞的所在地，展示了多种喀斯特地貌的壮观景象，被誉为大自然的神奇杰作。

图 1　龙宫景区大门

作为贵州最成熟、最吸引人的旅游目的地之一，龙宫风景区以暗河溶洞为核心，同时融合了旱溶洞、峡谷、瀑布、峰林、绝壁、溪河、石林等多种自然景观。这里有中国最长、最美丽的水溶洞，还有最大的洞穴佛堂、最大的洞中瀑布，以及全球最低的天然辐射剂量率和最集中的水旱溶洞，都是龙宫独特而引人注目的特色。

龙宫的景色宛如诗画，地上与地下、洞内与洞外的景观相互交织，形成了一幅壮丽的画卷。除了两项世界纪录外，这里还展现了众多神奇的喀斯特地貌景观。中心景区包括卧龙湖、龙门飞瀑、石趣园、天池、蚌壳岩、虎穴洞等，宛如神话中的龙王宫殿，每一处都散发着神秘而迷人的气息。

（一）龙宫飞瀑

龙宫入口旁的山洞深处，隐藏着一道壮观的瀑布。这道瀑布源自天池，水流奔腾而下，景象极为雄伟。尤其在雨水充沛的季节，瀑布的声势更是浩大无比，仿佛有千军万马在其中奔腾，令人叹为观止。

（二）石趣园

石趣园被誉为龙宫小石林，坐落于龙宫暗河之滨。在这里，可以看到形态各异、大小不一的自然岩溶石，它们共同构成了一个别具一格、充满趣味性的石林公园。

（三）天池

天池，这颗深藏于群山之间的璀璨宝石，以其深邃的潭水和瑰丽的景色吸引着人们的目光。它的形状犹如椭圆形的

图 2　龙宫洞内地下河

玉盘，庄重而静谧，水深超过三十米，清澈见底，碧绿如玉。四周陡峭的悬崖峭壁，宛如大自然精心雕琢的艺术品，为这片自然景观增添了几分神秘与壮美。

四季更迭，天池的水色却始终如一，保持着如玉般的清澈与碧绿。透过清澈的水面，可以清晰地看到水底的细沙与游鱼，宛如一幅生动的画卷。古老的树木环绕四周，茂密的枝叶遮天蔽日，为这片境地带来了深邃的清凉与宁静。

（四）油菜景区

在距离龙宫向上游延伸 8 公里的地方，坐落着一个独特的人工湖泊景区。湖水清澈宁静，与周围的山峦相映成趣，构成了一幅美丽的画卷。景区内的岛屿分布得错落有致，宛如一颗颗璀璨的明珠镶嵌在湖面上。同时，奇峰耸立其

间，为这片湖光山色增添了几分雄浑与壮丽。

（五）漩塘

在龙宫的上游地段，有一条名为通漩河的河流。这里的水流逐渐沉入地下，化作了地下暗河。这片水域呈现出一个完美的圆形，四季如一日，塘水始终保持着顺时针方向的旋转，从未停止过。与此同时，绿色的浮萍在水面上漂浮，与旋转的水流共舞，形成了一幅美丽的画面。

二、多彩龙宫民俗风情

（一）民族服饰

龙宫地区是一个多民族交融的地方，布依族和苗族等族群在此和睦相处，每个民族都有自己独特的服饰文化，共同构成了丰富多彩的民族风情画卷。布依族女性穿着斜岔领大襟短衣，主要采用黑色和深色土布，领沿、肩围、衣袖及襟摆处巧妙地装饰着金边和蜡染图案，再配上花围裙和蜡染百褶裙，凸显了她们独特的民族韵味。而苗族女性则更偏爱裙装，服饰上精美的刺绣和鲜艳的色彩格外引人注目，她们还佩戴着精美的银饰，如手镯、耳环和项圈等，展现出流光溢彩的活力与动感之美。此外，在龙宫地区还有屯堡人这一特殊的族群。自明代以来，屯堡人一直居住在这里，他们是明太祖朱元璋派遣到云贵地区戍守的汉族军队的后裔。至今，屯堡人仍然保留着600多年前的文化和生活习俗。屯堡妇女仍然穿着长袍大袖、丝绸系腰、花翘头布鞋等明代服饰，持续传承着古老的服饰文化。

（二）民族文化

龙宫地区的民族文化艺术璀璨夺目，独具魅力。地戏，以其独特的表演形式和深厚的文化内涵，备受国内外友人的赞誉，被誉为我国戏剧艺术的瑰宝。1986年，龙宫蔡官地戏团受邀远赴法国，参加第15届秋季艺术节。他们凭借生动逼真的造型和激昂高亢的声腔，征服了欧洲观众，赢得了热烈的掌声。同时，布依族的红铜唢呐和铓锣伴奏，也展示了其独特的音乐魅力。而苗族青年则钟爱芦笙，将其作为表达情感的重要乐器，吹奏出动人的旋律。

（三）特色民族节日

农历二月初二，是布依族庆祝龙抬头的传统节日。在这一天，龙宫地区的布依族民众会自发组织盛大的颂龙庆典活动。而在布依族人的心中，最为热闹的节日非六月六莫属，他们亲切地称之为"过小年"。与此同时，农历正月和四月八日，则是龙宫地区苗族民众团结欢庆的跳花节。对于仡佬族来说，他们的节庆

图3　龙宫特色民族表演

活动丰富多彩，包括春节祭祖时的供粑食用、三月三的祭神祭祖日，以及在农历七八月谷物丰收时举办的吃新节。

三、龙宫单体汉字之巨（龙字田）

在龙宫景区，有一处引人注目的植物汉字景观，它被誉为全球最大的此类景观。这个景观巧妙地运用了两种农作物的套种技术，展现出随季节而变化的美丽景象。

春天，油菜花与蚕豆共同在这片土地上生长，它们交织出草书汉字"龙"的优雅轮廓。当夏季的脚步临近，黑糯米与水稻接踵而至，继续在这片土地上书写这个巨大的汉字。这些字体的设计灵感源于唐代书法家怀素的草书作品，

图4　龙字田

展现出汉字的韵律与美感。

每年春天，众多游客纷纷涌入这片被巍峨山脉环抱的农田，目睹占地 8 万余平方米的草书"龙"字逐渐显现的壮观场面。油菜花与蚕豆共同打造的龙字，金黄与碧绿交织，光彩夺目，令人陶醉。

随着夏季的到来，水稻田中的青龙形象逐渐展现，生机勃勃，充满活力。游客们在这片绿意盎然的田野中徜徉，感受着大自然的魅力。

当秋季来临，金黄的麦田在秋风的吹拂下翻滚，犹如海浪般壮美。这片土地上的植物汉字景观在四季的更迭中展现出色彩斑斓的美丽画卷，吸引着无数游客前来欣赏和采风。

知识拓展

龙生九子

龙生九子的故事历史悠久，曾经明孝宗皇帝对九子的具体名字感到困惑，于是他命令中管去内阁查询。内阁大学士李东阳收到了皇帝的御书小帖，询问九子的确切名字。尽管李东阳在年少时曾翻阅过相关的书籍，但此刻他无法立即给出答案。因此，他转而向编修罗玘寻求帮助，罗玘也只能依稀记得老师的讲述，只能列举出其中的五六个名字。之后，李东阳又向吏部刘绩求助。刘绩家中有一本旧册子，上面详细记录了九子的名字，但并未注明来源，因此难以验证其真实性。面对皇帝的询问，李东阳在无奈之下，只能根据自己的记忆和推测，给出了以下的回答：

龙生九子，各有特色。囚牛，作为龙的后裔，对音乐有浓厚的兴趣，现今胡琴的头部雕刻的兽像，就是以其为原型。睚眦则天生喜欢战斗，常见于刀柄上的龙吞口造型中。嘲风热爱冒险，因此殿角的走兽形象就是其化身。蒲牢喜欢鸣叫，故钟上的兽纽以其为原型。狻猊则喜好静坐，如今佛座上的狮子就是其象征。霸下钟情于负重，常见于碑座下的兽足。狴犴则天生喜好诉讼，狱门上的狮子头就是其形象。赑屃热爱文学，碑文两旁的龙形装饰就是其形象。而螭吻则喜欢吞噬，常见于殿脊的兽头造型中。

阅读任务

龙文化

龙文化，作为中国文化中富有深远影响力的显著象征，承载着丰富的历史底蕴。在历史文献中，关于龙的记载众多，龙的形象深深地渗透到社会的各个层面，对文化产生了广泛而深远的影响。在民间文化中，可以看到各种与龙相关的习俗，如龙装饰、雕龙、建筑龙吻、元宵节舞龙、二月二龙抬头吃龙须面、端午节龙舟赛等，这些习俗历经千年仍然兴盛不衰。

龙文化不仅凝聚了中华文化的深层内涵，还以东方神秘主义的形式，通过千变万化的艺术造型，传达了中国人特有的基本观念。这些观念包括天人合一的宇宙观、仁者爱人的互助精神、阴阳交合的发展观以及兼容并包的多元文化观。同时，龙的理念背后还蕴含了处理四大主体关系时的理想目标和价值观念，即追求天人关系、人际关系、阴阳矛盾关系以及多元文化关系的和谐。

在更深层次上，龙的精神体现了多元一体、综合创新的中国文化基本精神。这种精神是龙文化最深层的文化底蕴，也是今天需要深入挖掘和理解的。通过对龙文化的深入研究，可以更好地理解中国文化的深层内涵，为解决当今世界面临的文明冲突提供有益的启示。

探究中国龙文化之源，分析其产生背景及所映射的时代社会状况。

章末探究

推动绿色发展，促进人与自然和谐共生

　　自然是人类生存与发展的基石。要构建社会主义现代化国家，前提是要尊重、顺应并保护自然。必须坚定实施"绿水青山就是金山银山"的发展理念，以实现人与自然和谐共生为目标，精心描绘国家的发展蓝图。为了塑造美丽的中国，需要对山水林田湖草沙进行全面保护和系统治理，同时优化产业结构、强化污染治理、加强生态保护，并积极应对气候变化。必须同步推进降碳、减污、扩绿、增长，确保实现生态优先、节约集约、绿色低碳的可持续发展。

图1　人与自然和谐相处摄影作品1

1. 加快发展方式绿色转型

　　为了促进资源的高效节约利用，需要全面推动产业结构、能源结构和交通

运输结构的优化升级。同时，还需要构建废弃物循环利用体系，并完善支持绿色发展的财税、金融、投资和价格政策。此外，还应该发展绿色低碳产业，推动资源环境要素的市场化配置，并加速研发和应用节能降碳技术。最后，倡导绿色消费，促进绿色低碳生产方式和生活方式的普及，也是实现可持续发展的关键。

2. 深入推进环境污染防治

为了持续提高环境质量，坚决推进蓝天、碧水、净土的保卫战。通过协同控制污染物，努力消除重污染天气的不利影响。同时，全面规划水资源、水环境和水生态的治理，致力于保护并改善重要江河湖库的生态环境，目标是基本消除城市中的黑臭水体。此外，还强化了土壤污染的源头防

图2 人与自然和谐相处摄影作品2

控，并积极进行新污染物的治理工作。致力于提升环境基础设施的建设水平，推动城乡人居环境的整治，从而为居民创造更加宜居的环境。

3. 提升生态系统多样性、稳定性、持续性

为了更有效地保护和恢复关键生态系统，我国正加速构建以国家公园为主导的自然保护区网络。同时，实施了生物多样性的重点保护项目，并精心策划了大规模的国土绿化行动。为了进一步深化集体林权制度改革，还推行了草原、森林、河流、湖泊及湿地的恢复与养护政策，并严格执行了长江十年禁渔措施，同时完善了耕地的休耕与轮作制度。为了充分展示生态产品的价值，需要建立相应的实现机制，并改进生态保护补偿制度。最后，为了应对外来物种的威胁，必须加强生物安全管理。

4. 积极稳妥推进碳达峰碳中和

考虑到我国当前的能源资源状况，坚持"先建立后改革"的策略，制定并

执行碳达峰方案。为了控制能源消耗总量和强度，将加大调控力度，特别是严格控制化石能源的使用，逐步实现碳排放总量和强度的双重控制。在推动能源转型方面，将致力于提高煤炭的清洁高效利用，加强油气资源的勘探开发与增产，加速新型能源体系的建设，同时平衡水电开发与生态保护，并安全稳定地发展核电。此外，还将加强能源产供储销体系的建设，确保能源安全。为了完善碳排放管理，将完善碳排放统计核算制度，并健全碳排放权市场交易制度。同时，还将提升生态系统的碳汇能力，并积极参与全球气候变化治理。

章末总结

　　面对自然的力量，人类实为沧海一粟。随着经济发展，人与自然的关系存在不和谐现象，严重的生态危机催促我们正确认识并重新定义人与自然的关系。据此，提出关于构建人与自然和谐关系的对策性建议。

第二章

建 筑 美

偶尔我们也会怀念那些缓慢形成的美好，看木头之间诗意的联结，看门窗缝隙里漏过的光影，看我们祖先们走过的路。

第一节　古韵悠长·贵定县古城

 阅读提醒

一、贵定溯源

贵定地区历史悠久，自西周时期便已有牂牁部落联盟的活动踪迹。随着历史的演进，该地在不同历史时期归属不同行政区域。自春秋战国至秦汉，贵定隶属且兰，为夜郎所统辖；秦朝时仍属且兰，后归属南越。晋朝时期，贵定划

图 1　贵定县城俯瞰图

归后牂牁郡。隋朝时，此地设牂牁郡州，后更名为牂牁郡，并置宾化县。唐朝时，宾化县移至平越（今福泉），同时置多乐县，先后隶属黔中道和江南道。至宋朝，土著豪族占据贵定，建立麦新城，标志着贵定建城的开始。南宋时，麦新城更名为新添城。元朝，贵定历经行政变革，如新添葛蛮安抚使、新添葛蛮安抚司等。明朝时，析新贵县之平伐司、定番州之丹平司、龙里卫之把平司等地置贵定县，隶属于贵阳府。清朝时，新添卫与贵定县并存，康熙年间撤销新添卫，将贵定县治移至卫城，即今县城。民国时期，贵定县沿袭清制，后隶属黔中道，至民国九年废黔中道，贵定直属省辖。1949年，贵定由省辖县划出设贵定专区驻贵定。自中华人民共和国成立后，贵定县先后隶属贵阳专区、贵定专区、安顺专区，最终于1958年划归黔南布依族苗族自治州，至今保持不变。

二、贵定古城

宋初（961年），土著豪族在现今的贵定县城建立了土城，并招募士兵进行防守，这座城市被称为麦新城，这是贵定建城的起点。南宋宁宗嘉泰元年（1201年），宋景阳的儿子宋永高率领军队攻克了麦新城，并向朝廷请求在此设立新添葛蛮安抚使，使得贵定开始成为中央政府的正式建制。

在元朝时期，这个地区归属于元路（今天的花溪青岩一带以及安顺、黔西南、黔南等地），并设立了贵州宣慰司，宋永高被任命为贵州宣慰使。新添葛蛮安抚司由宋永高的儿子宋胜任任安抚使，他被称为宋安抚，成为贵定县的第一任

图2　贵定古城老照片

行政长官。到了元代后期，这个机构更名为新添葛蛮军。

朱元璋建立明朝后，于1368年推行卫所制度，安抚司被改为军民指挥使司，不久又改为新添卫，并设立了上、中、下、左、右五个千户所。

清康熙二十六年（1687年），贵定县的治所从旧治镇迁移到现今的贵定县

城，并开始拆除土城修建石城，这个工程在乾隆中期完成。新修的城墙有四座城门：东为熙春门、南为武阳门、西为庆丰门、北为肃远门。城墙高 5.53 米，周长 3806.7 米，有 1072 个垛口，全部用石头砌筑。

然而，同治二年（1862 年）的战乱使得多处城墙倒塌。光绪十九年（1893 年），知县朱廷励带头集资 1700 两白银修复城墙，全部使用重约 250 公斤以上的料石。现在，城隍庙和东仓库附近还可以看到残余的城墙，但女儿墙已经全部被毁。全城东西长 1000 米，南北长 1500 米，形状像一艘小船。

民国十八年（1929 年），周西成主政贵州，因为修建公路的需要，另开新西门，于是贵定县城就有了五个城门。中华人民共和国成立后，这些城墙石被拆去修建贵定专员公署和贵定中学教学楼，现在城墙只留下了残痕。

三、旧治古城

旧治古城位于距县城南 25 千米的地方，自明嘉靖四十二年（1563 年）起建立。这个古城不仅是旧治镇的所在地，还曾是贵定县的治所。古城墙以石料建造，原有东、南、西、北四个城门，但如今东门和北门已不复存在，只剩下南门城楼和西门城门。城墙高度为 4 米，厚度为 2 米，而

图 3　旧治古城门（外门）

城门则高 3 米，进深 4 米。城墙依山势而建，南门的古城楼是单檐歇山顶，面阔 6 米，高度超过 4 米，其古朴大方的风格历经修缮，仍然保持了原貌。

根据历史记载，南宋宁宗嘉泰元年（1201 年），宋永高攻克麦新城后，在旧治设立了治所。元朝至元二十八年（1291 年），宋朝美被封为新添葛蛮安抚使，并在同一年建立了新添葛蛮安抚司，治所仍设在旧治。明万历十三年（1585 年），巡抚舒应龙等人将土城改建为石城，并设有东南西北四城楼。到了清朝康

熙二十六年（1687年），县城
被迁移到现今的位置，但旧治
因地处交通要道，仍设有且兰
汛并驻兵防守。

图4 旧治古城门（内门）

在咸丰、同治时期，苗民
起义领袖潘三王率军在旧县驻
扎数年，并多次发动军事行
动。在中华人民共和国成立
前，这里曾是旧治镇。成立
后，它成为三区人民政府的所
在地，后改为昌明区，区政府移至现昌明镇。1991年，县进行了行政区划改革，
撤销了原旧治乡和黄土乡，建立了旧治镇，旧治古城也成了镇政府的所在地。

知识拓展

五句描写古城优美语句

1. 古城的城墙根下，泛着青灰色的烟水。弥漫在初秋的清凉里，翻动之间，就是千年，古城一直不变。我也想成为一座古城，无论经历风雨沧桑，无论经历几度辉煌，一直一直，是一副不惊的模样。终究是不能啊，会有离别的忧伤，会有快乐的欢唱，会有莞尔的美丽，会有低沉的回望。

2. 我数着脚下的青砖，最是那一低头的温柔。留住了多少岁月的斑驳，才会有沉甸甸的颔首。很多时候，我们都不会停留，赶路。就是想尽快走完这一生的路程，争着，吵着，不甘寂寞。

3. 我依然喜欢坐在落日里，我依然喜欢走在青砖上，我依然喜欢写一些自己的文字。就像这秋天里的古城，不动，无声，看着尘世里的炊烟滚滚。就像这初秋下的光阴，不凉，也不燥。

4. 小院无声满阶尘，我走在秋天的古城里，小院深处无人问。背影里装满了深情，院落里的人早已经不是曾经的故人。燕子归去，墙下秋千。掩不住的苍凉，写不尽的忧思。

5. 古城的城墙，厚重的青砖，堆砌着很多故事。黛瓦青墙，泛着古老的苍颜，用手轻轻触摸，指尖下的粉墨，就滴落成了带着唐诗宋词的清幽。

阅读任务

散文写作——构思、联想、语言

散文常常借助日常生活中偶然发生的小事或片段场景，来展示其背后复杂的背景和人物深刻的内心世界。这种艺术手法就像是从一粒沙子中看到整个世界，从半片花瓣上讲述人间的情感。要达到这样的艺术高度，构思至关重要。

构思是作者对作品全面认识的过程，从最初对外界事物的感知，到完成整个作品，都在不断地思考、探索和深化对描绘对象的理解，挖掘其深层含义。这个过程复杂而艰辛，需要作者具备深厚的素养和功底，是对其人格、修养和创作能力的全面考验。

因为事物间的联系是微妙而复杂的，作家需要善于从表面现象中发现其内在的联系和独特之处，这样才能真正触动读者的内心。

所谓联想，是指人们对事物进行由此及彼、由表及里的想象活动。当人们在思考某一事物时，会自然地联想到与之相关的其他事物。这种联想能使事物的特征和本质更加鲜明和突出，同时也能促进作者的思想认识不断深化。一个作家的知识储备越丰富，他对生活的感受就越敏锐，越容易产生丰富的联想，从而创作出富有情感和深度的散文作品。

散文的语言美在于其词汇的丰富性、口语的生动性、音节的铿锵、适当的对仗以及色彩鲜明的描绘等。这些元素的巧妙配合，使得散文的语言既简洁又潇洒，既朴素又优美，充满了自然的情韵。散文的美，正是在这种浓淡相宜、雕饰与自然之间的平衡中得以体现。

以贵定古城或旧治古城为写作对象，从景色、历史、文化等方面，自选角度创作一篇300字的散文。

第二节　巧夺天工·贵定县古桥

 阅读提醒

一、旧治北门大桥

旧治北门大桥，也被称为郎家桥，是一座历史悠久的桥梁。它的全长为 112 米，桥面宽度为 7 米，高度为 7 米。大桥共有 7 个拱孔，每个孔的跨度都是 7 米。桥的上部是石拱结构，而下部则是石墩台支撑。在桥的两头，都雕刻有石龟和石像，给人一种古朴典雅的感觉。桥的两边还装有石栏

图 1　旧治北门大桥

杆，每边栏杆上都塑有 9 个石狮子，增添了桥梁的艺术气息。这座桥的建筑风格仿照了卢沟桥，是中华人民共和国成立前县境内最长且修建最为完善的桥梁。

在中华人民共和国成立之前，旧治北门大桥是贵阳通往都匀驿道的必经之路之一。在大桥修建之前，河内仅设有跳蹬，每当河内水位上涨时，两岸的居民和行人就无法通行，给交通带来了极大的不便。为了解决这个问题，清朝末年（1911 年前），旧治的人们决定集资修建这座桥梁，以便跨越瓮城河，改善交通状况。

然而，随着时间的推移，大桥逐渐出现了垮塌的迹象。为了保障桥梁的安全和通行顺畅，2007年11月，县交通部门决定对旧治北门大桥进行维修工作。通过这次维修，大桥的结构得到了加固和修复，确保了它的长期使用和安全性。

二、瓮城桥

瓮城桥，位于盘江镇的瓮城河之上，距离县城11公里。此桥是一座五孔石拱桥，其中中间的三个孔径为12.5米，两侧的两个孔径各为9.2米。桥的上部由块石构成拱形，而下部则采用块石作为墩台。桥的全长达到55.9米，桥面宽度为5.6米，高度为20米。

这座桥的历史可以追溯到明孝宗弘治六年（1493年），当时都御史邓廷瓒和都督王通发起修建此桥。贵州宜尉使安贵荣资助了资金，各官绅提供了人工，地方仓库提供了粮食，于弘治七年（1494年）春季开始动工，次年夏季完成。御史们赞誉此桥为惠政桥。

在明万历年间（1573—1620年），贵州巡抚郭子章捐资在桥的两端建造了凉亭，同时在桥两侧安装了栅栏，供行人休息。1928年，修建黔桂公路时，此桥被用作通车桥梁。

1943年秋，为了加强云南曲靖至独山之间桥梁的承压力，对瓮城桥进行了改建和加固。其中，中间的两个孔（总长28米）被改建为钢桁桥梁。改建工程于当年1月开始，次年的11月底完成。

三、令寨观音桥

观音桥是一座位于燕子岩村东北面的古老石桥，它坐落在江比河下游的令寨旁边，正好位于贵阳通往都匀的古驿道上。这座桥的历史可以追溯到清朝年间，是以青石为主要材料修建的单孔弧形结构。桥的

图2　令寨观音桥

高度超过 20 米，形状宛如一道飞虹，给人留下了深刻的印象。

观音桥之所以得名，是因为桥梁头部有一个观音洞，洞内供奉着观音菩萨。这座桥不仅是当地水利历史文化的重要代表，而且对于研究地方历史文化也具有极高的价值。它的存在见证了历史的变迁和文化的传承，为我们提供了一个宝贵的视角来理解和欣赏古老的文化遗产。

四、把郎桥

把郎桥是一座位于铁厂乡与平伐镇之间的拉东河上的古老桥梁，其历史可以追溯到清朝道光年间（1821—1850 年）。传说有一位寡妇购买了一头强壮的水牛（被称为"把郎"）来驮运石头修建此桥。桥建成后，因其传奇故事，被命名为把郎桥。不幸的是，在修建桥梁的过程中，牛累死了，寡妇也过度劳累而逝。人们出于对这位寡妇和牛的敬意，将他们合葬在桥边，称之为把郎坟。

把郎桥是一座敞肩式单孔石拱桥，具有三个孔道，展现出独特的结构特点。其设计考虑了承重能力，最大载重量为 5 吨。桥的长度为 26.60 米，宽度为 4.30 米，高度为 6.50 米，最大跨度为 9.60 米。这座桥完全采用青石砌成，坚固耐用。在中华人民共和国成立前，把郎桥是贵定至惠水驿道的重要通道，对当地南北的经济文化交流起到了积极的推动作用。

中华人民共和国成立后，尽管把郎桥保存完好，但由于其弯度较大，汽车通过时存在安全隐患。为了解决这个问题，人们在旧桥旁边新建了一座现代桥梁，并继续沿用把郎桥的名字。在 1982 年 8 月，把郎桥被县政府列为重点文物保护单位，以表彰其历史价值和文化意义。

五、飞云桥

飞云桥是位于茶山村南面的一座古老桥梁，距离村委会约有 846 米的距离。根据历史记载，这座桥是在清光绪二年（1876 年）由窑上人李春山筹资建造的。它横跨摆吾河，是贵定通往广西古驿道上的重要交通节点。飞云桥坐西向东，采用青石材质，具有坚固的结构和精美的工艺。桥的最大载重量为 5 吨，长度为

12.50米，宽度为3.60米，高度为 7.50 米，最大跨度为12米。

传说在桥修建完成后，李春山站在桥头冥思苦想桥的名字。突然，他看见一朵白云从山前的观音洞口飘过，灵感顿生，便将这座桥命名为"飞云桥"。

图3　飞云桥

飞云桥不仅是一座历史悠久的桥梁，更是研究古驿道历史文化的重要载体。它见证了贵定与广西之间古代交通的繁荣与发展，也反映了当地人民对桥梁建筑的智慧与才能。通过这座桥，我们可以深入了解古驿道的历史文化，感受古代人们的智慧与创造力。

知识拓展

张鹤鸣与《葛镜桥碑记》

1. 张鹤鸣简介

张鹤鸣，字元平，号凤皋，出生于1551年，逝世于1635年，他来自南直隶颍州焦陂镇张寨村，也就是现在的安徽省阜阳市阜南县新村镇天棚集村。在明朝万历二十年（1592年），他成功考中进士，之后他的仕途一帆风顺，先后担任过兵部尚书、工部尚书、太子太保和太子太师等职务。

在他任职期间，他曾担任过历城知县，之后转任南京兵部主事。他的才华和策略在陕西右参政的任上得到了充分的展现，负责分巡临、巩，因出色的才能和谋略而闻名。后来，他又升为右佥都御史，并巡抚贵州。

2.《葛镜桥碑记》节选

夫镜一匹夫耳，非有陶朱猗顿之富，建桥一念，至死不移。一建而坏，人情已厌；再建再坏三建卒成，计费不下五六千金，人情所更难者。闻镜绕田计岁米糊口外，悉用之桥。前后三十年，功始成此。其从容乐善，不吝不倦，岂世俗人所能企其万一者。

阅读任务

永济桥碑记

蒙化甸头永济桥，府通判成都泮江薛君所建也。此桥于春冬可有可无，若夫百川灌河、流潦奔骤之时，顷刻之间，水深丈许。频年人马冒渡而死者不知其数；邮铺递文、戴星请命者往往阂阻，以此罹法网者，岁又不知其几矣。自有郡以来，孰究孰思？薛君莅任既两期月，政成化行。万历初元春，乃以桥事谋于乡大夫晴湖张君（名烈文，字元焕），遂兴兹役。委仓使梁儒林督发山木，五材既俱，首尾十月竣工。愚谓近代守令，但知计俸度日，任满而去。境内桥梁道路夫为民病，一切付之不问。乃薛君毅然任为己事，捐俸廪，首倡义举，一时士民莫不感动，效工施财有差，而太学童瑜李昆其著者也。呜呼，非有感人之素而能然乎。余居斯壤，闻行旅欢声，因买石识其岁月。此桥共费银玖拾两，其施舍一钱以上者，并列名氏于碑阴，庶几将来随坏随修，勿替惠嘉之意云尔。薛君，名希周。

赐进士知荆州府前翰林庶给事监察御史中溪居士八十老人李元阳书。

请通过阅读《永济桥碑记》，分析永济桥修建的时间、地点和经过，并说说作者写这篇碑记是想对修桥者表达什么思想感情？

第三节　高屋建瓴·都匀文峰塔

 阅读提醒

一、魅力文峰塔

（一）文峰塔概况

都匀文峰塔是都匀市历史悠久的标志性建筑之一，最初建于明万历年间，是一座五层的木塔，被称为文笔塔。然而，随着时间的流逝，这座塔逐渐损坏，仅留下了塔基。在1840年，人们决定在原塔基上重建，这次建成了高33米的七层六面石塔，并将其更名为文峰塔。然而，由于各种原因，塔基和塔身再次遭受严重损坏。于是，在1982年，都匀市再次进行修缮，将其改建为高23米的七层六面实心石

图 1　都匀文峰塔

塔，并保持了文峰塔的名称。在贵州省的 50 多座塔中，都匀文峰塔是唯一一个被编入中国古塔图谱的石塔，也是贵州省的保护文物，并被列入第六批国家重点文物保护单位。

（二）文峰公园

文峰公园，这座充满中国传统园林韵味的公园，以文峰塔为核心景观，巧妙地划分为多个各具特色的景区。每个景区既能独立成景，又能在整体布局中和谐相融，展现出中国传统园林的独特魅力。

公园设有西面和北面两个入口，方便市民和游客进出。西面距火车站仅 300 米，交通便捷；北面则通过文峰桥与市区紧密相连。西面入口处，一块重约 50 吨的巨石引人注目，这块名为"云石"的巨石来自都匀西部云雾缭绕的螺丝壳山，为公园增添了一份古朴自然的韵味。

园内，古朴雅致的长寿亭、民族特色浓郁的祥和门、仿古罗马风格的立柱露天歌舞广场以及卡通式的鸽苑等景点，各具特色，为游客提供了丰富的游览体验。文峰塔四周，平坦的广场以砖石铺就，周围绿草如茵，鲜花盛开，树木造型优雅，整个公园的绿化率高达 80% 以上，为市民和游客营造了一个舒适宜人的休闲空间。

南楼即百子桥楼，月色朦胧时，挂在塔角，为文峰塔增添了一份宁静与诗意。历史上的文人陶延皋曾面朝文峰塔作诗，虽然他可能不知道如今的文峰园已经远超他当时的想象，但那份对文峰塔的热爱与崇敬却历久弥新。

上百亩的绿地紧紧依偎着文峰塔，被剑江河水环绕，仅通过一座桥梁与外界相连，仿佛一群皇家大院的士兵守护着大门，将道路的喧嚣和人世的烦尘隔绝在外。这座泛黄的石塔与清新的绿地相互映衬，宛如一对在园中漫步的老夫妻，用他们的安静和默契诠释着忠诚的含义。

巍巍的文峰塔历经沧桑，虽然显得有些憔悴，但它依然顽强地挺立着。七级凌霄见证了历史的变迁，它曾经倒下，但又再次屹立起来。最终，文峰塔守护着这片绿地，而绿地也无私地奉献给文峰塔，两者相互依存，相伴终生。

二、文峰塔建设的意义

（一）帮助统治阶级稳固政权

文峰塔的修建，在读书人眼中，象征着各级官员对他们的深切关怀与庇护。按照风水学的观点，文峰塔能为他们带来功名上的助力与庇佑，因此，读书人乐于投身仕途，成为唐太宗等统治者的得力助手，这对于稳固统治阶级政权起到了积极的推动作用。当文峰塔得到官方的认可后，神州大地上的各省、市、县纷纷效仿，文峰塔如雨后春笋般遍布各地。

（二）促进了当时当地的社会发展

在古代，漠北塞外和岭南蛮荒等地被视为未开化的地区，当地的居民也尚未接受教化。而文峰塔的修建则象征着社会文明的影响力逐渐扩展。每一座高耸入云的文峰塔都彰显着文化教育的普及与进步。通过风水学的理论，人们深知文峰塔对文人举子具有积极的推动作用，这实际上是对当地知识阶层的一种有形鼓励。因此，文峰塔的存在自然会促进当地社会文化教育的繁荣与发展。

（三）为后世留下了宝贵的文化遗产

在风水理论的广泛传播和应用背景下，文峰塔得以兴建。这些塔中经常塑有道教形象，如金文昌和金魁星等。以四川成都大邑县的鹤鸣山为例，其山顶就建有一座文峰塔。在塔心位置，有一块青石，上面雕刻着太极八卦图案。

📖 知识拓展

墨笔文峰

南楼夜月

天风吹我上南楼，皓月当空景最幽。
百尺豪情怀韵士，三分夜月小扬州。

文峰塔

（清）陶廷杰

水抱全城万象涵，到头关键岂空谈。
千夫建石方圆合，七级凌霄气象参。
故址立成新雁塔，中锋长镇老龙潭。
一枝健笔钟灵秀，振起人文冠斗南。

📖 阅读任务

六尺巷

在清朝康熙年间，张英担任了文华殿大学士和礼部尚书的职位。他的老家在桐城，与吴家相邻，两家之间有一条巷子供双方共同使用。然而，吴家想要建新房，并想占据这条巷子，这引发了张家的不满。由于两家都是当地的名门望族，这个问题一直争执不下，最终上诉到了当地的县衙。由于两家的地位和声望，县官也不敢轻易作出决定。

张家人在一气之下，决定向张英求助，希望他能够出面解决这个问题。张英收到信后，认为应该以和为贵，谦让邻里。他在回信中写下了四句话："千里来书只为墙，让他三尺又何妨？万里长城今犹在，不见当年秦始皇。"

家人读了这封信后，明白了张英的意思，主动让出了三尺空地。吴家看到张家的举动后，深受感动，也主动让出了三尺房基地，于是这条巷子就被称为"六尺巷"。

请阅读《六尺巷》的故事，结合都匀文峰塔中哲学思想，谈谈为什么能够形成六尺巷。

第四节 以今怀古·都匀影视建筑群

 阅读提醒

一、秦汉影视文化城

都匀秦汉影视城，这个集影视剧创作、文化旅游、古装饰品制作租赁、休闲观光、度假旅游以及文化旅游产业于一体的影视产业项目，坐落在贵州省黔南州都匀经济开发区。它是都匀经济开发区三大影视基地中的一颗璀璨明珠。这座影视城占地广阔，由六个区域、共计230栋建筑构成。所有的规模、布局和建筑风格都是根据史料记载和专家考证来构建的，力求最大程度地还原秦汉皇都的建筑风貌。

图1 秦汉影视文化城俯瞰图

第二章 建筑美

在皇宫区，可以看到未央宫、长乐宫、瑶池和祭坛等皇家园林和宫殿，每一处都充满了皇家气息。特别是未央宫，它是全世界最大的汉代宫殿建筑，让你仿佛置身于那个辉煌的时代。

外城区则以长安街、朱雀大街、府邸大街等为主要街道，街道两旁分布着各种府邸和建筑。其中，沿府邸大街建有的三大王府——衡山王府、大司马将军府和淮南王府，更是展示了皇家的尊贵和权威。此外，街区还分布有公主府、县衙、监狱和皇家马厩等，让你感受到那个时代的政治氛围。

商业区则设有东市和西市，乐坊、客栈、酒楼和各种民宅分布其间，仿佛再现了秦汉时期的繁华市集。

（一）影视城主要建筑

1. 未央宫

都匀秦汉影视城的未央宫，作为全世界最大的汉代宫殿群，占地约 12 万平方米，建筑面积约 6 万平方米。它精心构建了宣室殿、承明殿、长乐宫、御花园、祭坛、瑶池等多个独具特色的景点。这座影视城的城市规模、城区布局和建筑风格，都严格依据史料记

图 2　未央宫

载和专家考证进行构建，力求最大程度地还原秦汉皇都的建筑风貌和历史场景。

2. 宣室殿

秦汉影视城的宣室殿占地面积较大，具体为 8136 平方米，其长 102 米，宽 91 米，整体高度达到 41.5 米。此外，宣室殿还是国内最长进深的宫殿，其长度为 80 米，宽度为 44 米，主体高度为 31.5 米。殿前广场的面积也相当可观，约为 26000 平方米。在汉代，宣室殿是未央宫的主要建筑，是皇帝与近臣们商议国家大事的地方。皇帝的登基仪式、朝见群臣、皇家婚丧大典等重要活动都在这里举行。而在秦汉影视城中，宣室殿则主要供游客参观游览以及作为影视剧的拍摄场地。

3. 椒房殿

椒房殿广场位于秦汉影视城的西北角，面积约为12000平方米。它紧邻祭台和瑶池，并属于未央宫建筑群的一部分。

4. 承明殿

承明殿，作为秦汉影视城的第二大宫殿，占地面积达12330平方米。据《三辅黄图》卷3记载，未央宫中的承明殿是皇帝撰写书籍和批阅奏章的地方，也是一个重要的著述场所。而位于秦汉影视城的承明殿，现已转型为一个创意

图3 承明殿

车间，为剧组提供了充足的拍摄空间，并可作为摄影棚使用。这座建筑不仅功能多样，而且高度还原了汉代的建制，充分展现了汉代建筑风格和文化风貌。

5. 长乐宫

长乐宫，汉代又被称为东宫，寓意着长久和欢乐。它坐落于秦汉影视城的东北角，占地面积约为1万平方米。长乐宫的整体布局呈长方形，门前设有东西两侧的门楼。宫殿四周环绕着其他建筑，形成了

图4 长乐宫

一种庄严而宏伟的氛围。长乐宫主要由前后两个大殿组成。前殿是处理日常政务和事务的场所，而后殿则是供皇室成员居住和休息的寝殿。殿内装饰精美，雕梁画栋，斗拱交错，展现了宫殿建筑的精致与华丽。

（二）代表作品

电视剧《星汉灿烂》《霍去病》《斗破苍穹》《凰权·奕天下》《将夜》《小戏骨之放开那三国》《庆余年》《陈情令》《大秦帝国之天下》等，电影《夺命

第二章 建筑美

剑》《葫芦国历险记》《俩王四个二》《大捕快之盗画案》等。

二、影视文化对社会发展的影响

（一）影视艺术可以提高人类对世界的认识

影视作品是对社会生活的生动写照，它们以鲜明、形象的艺术手法真实呈现自然和社会中的各种场景。这些作品能够反映特定历史时期的经济、政治、道德和文化，展现社会风尚习俗，并细致描绘不同阶级、阶层和人物的精神风貌与内心世界，以及他们之间的各种现实关系。因此，影视作品在一定程度上反映了社会的各个不同方面。观众通过欣赏这些作品，可以增进对生活的认识和评价，也能更好地了解不同时代、民族和社会的历史特点与现实状况。

（二）影视艺术可以丰富和充实人类的精神生活

影视艺术广泛地参与和影响了从国家重大活动、节庆礼仪、体育运动、媒体宣传、商业营销到人们的日常生活等各个领域，为人们提供了迅速、丰富且直观的资讯。它汲取了多种艺术的优点，如建筑和雕塑的三维空间造型的立体美、绘画中的色彩美与光线美、舞蹈的动态美以及文学的语言艺术，从而能够自由地展现人物内心的丰富情感。同时，影视艺术还融入了音乐、摄影、服饰等艺术的精髓，并借助现代科技的力量，具备了其他艺术形式所无法替代的综合性、逼真性、视像性、娱乐性和艺术鉴赏性。这些特点使得影视艺术能够给人类带来强烈的视觉冲击和心灵启迪。

（三）影视艺术可以改变人类的生活方式

随着影视艺术的持续进步，它的影响力逐渐渗透到全球各地，使得不同国家和民族的文化能够迅速为全人类所共享。影视艺术不仅是传递信息和表达情感的媒介，更是连接各国各民族的桥梁，促进了文化交流与互动。这种交流不仅拓宽了人们的视野，提高了个人素质，还增强了国际意识。同时，影视艺术也改变了人们的学习和娱乐方式，使人们能够在家中就能感受到世界的多彩多姿，接受教育，欣赏各种文化和自然之美。

电影结构

1. 时空交错式结构

时空交错式结构是一种打破现实时空自然顺序的叙事方式。它巧妙地将不同时空的场面，按照艺术构思的逻辑进行交叉衔接组合，以构建情节并推动剧情发展。这种结构可能涉及现在、过去以及未来的时间线，以及回忆、联想、梦境、幻觉等与现实交织的元素，从而创造出一种独特的叙述格式。通过这种方式，作者能够引导读者或观众跨越时空的界限，体验更丰富、更富有张力的故事世界。

2. 戏剧式结构

戏剧式结构是一种独特的叙事方式，它吸收并融入了众多戏剧元素和成分。在构建这种结构时，特别重视戏剧冲突和结构法则的应用。在场景划分上，戏剧式结构主张保持集中，以确保整体故事的完整性和均匀性。有的戏剧以对立双方为主线贯穿全剧，有的则围绕一个主要事件、一个主要人物或一个主要动作来组织戏剧冲突，形成故事的核心。这样的结构方式使得戏剧更具张力和吸引力，为观众带来更为深刻的艺术体验。

3. 小说式结构

小说式结构以细腻地描绘人物内心情感的微妙变化为核心特征，它不要求故事情节的高度集中，而是更注重场景和场面的累积与构建。除了主要情境和主要人物之外，小说式结构也强调次要情境和次要人物的穿插与补充，以丰富故事的内容和层次，增强作品的艺术表现力和感染力。

4. 散文式结构

散文式结构是一种特殊的叙述方式，它不太强调情节的完整性和因果逻辑，没有明确的开始、高潮和结束，也没有突出的矛盾冲突。相反，它通过描绘和展示生活中的一系列事件，来传达作者的感受和观察。散文式结构通常采用造型手段，如生动的描写、形象的比喻等，来呈现生活中的细节和瞬间。这种结构通常不会使用闪回等手法，而是更注重于直接的叙述和描写。

5. 综合式结构

综合式结构，也常被称为多视角结构，是一种独特的叙事方式。除了戏剧的基本元素外，它还巧妙地融入了小说的叙事技巧，从而构建了一种戏剧性和叙事性完美融合的结构。这种结构在展现戏剧冲突时保持了完整的场景设置，同时在人物性格的描绘、事件的叙述以及场面的转换等方面，又展现出了极为细腻和详尽的特点。

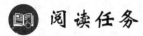 **阅读任务**

山坡羊·潼关怀古

（元）张养浩

峰峦如聚，波涛如怒，山河表里潼关路。望西都，意踌躇。伤心秦汉经行处，宫阙万间都做了土。兴，百姓苦；亡，百姓苦。

欣赏《山坡羊·潼关怀古》内容，深度理解其中表达的思想感情和意境，以此为主题小组合作，拍摄一部8分钟左右的微电影。

社会文化对古建筑风格的影响

秦汉时期的建筑风格以豪放朴拙为特点。屋顶宽敞，屋坡折线初现，但曲度不大，四个屋角平直无翘，展现出刚健质朴的气质。此时建筑主体多为春秋战国以来的高台建筑，具有团块状、十字轴线对称的组合特点，尺度宏大，形象鲜明。

图1 秦汉时期建筑

图2 魏晋南北朝时期建筑

图3 隋唐时期建筑

进入魏晋南北朝时期，建筑艺术和技术在秦汉的基础上进一步发展。主要特色在于采用人字拱和一斗三升的组合结构。楼阁式建筑普遍，平面多为方形。

斗拱方面，一斗三升拱的应用较为普遍，拱端有卷杀，柱头补间铺作人字拱，人字拱的形象由生硬平直逐渐发展为优美的曲脚人字拱。

隋唐时期的建筑特色主要体现在平缓的屋顶坡度和较深的出檐。红漆柱子粗壮，木构架构件比例趋于定型化。建筑材料中，琉璃瓦得到广泛应用。室内多使用根窗，整体建筑呈现出庄重、朴实、宏伟的风格。

图4　宋元时期建筑　　　　　图5　明清时期建筑

宋元时期的建筑规模相对较小，失去了唐代建筑的雄浑气势，但展现出细致柔丽的风格。屋面开始弯曲，并出现微微翘角。门窗多采用菱花槅窗，各种形式的殿台楼阁出现，并增加了精致的雕刻花纹及彩画艺术。建筑风格逐渐趋向华丽柔和，拱高与柱高之比逐渐减小。

到了明清时期，建筑成就达到顶峰。明代建筑大量使用砖瓦，琉璃砖瓦的色彩和纹理更加丰富细致。斗拱比例缩小，殿顶高陡，屋面弯曲加大，两翼角上翘。清朝与明朝在外观上变化不大，但翼角翘得更高，斗拱更小，官式建筑的高度趋于定型化。屋顶的柔和线条消失，呈现出拘束但稳重严谨的风格。

📖 章末总结

通过对各个历史时期社会文化的深入分析，提炼出影响建筑风格的关键因素，并探讨了在当代社会，哪些文化因素对建筑风格产生了影响，并阐述其原因。

文 化 美

　　中华优秀传统文化，积淀着中华民族最深沉的精神追求，代表着中华民族独特的精神标识，形成了中国人的思维方式和行为方式，支撑着中华民族历经五千余年生生不息、代代相传、傲然屹立。我们应从传统文化中去发现文学的美，发现属于我们中国自己的传统文化之美。

第一节　药到病除·布依医药文化

 阅读提醒

一、历史渊源

布依族人民在历史长河中，对于疾病的治疗往往采取后发制人的策略，他们通常是在疾病显现后才采取应对措施。在与疾病的长期斗争中，布依族的先民开始注意到某些自然药物的治疗效果和潜在毒性，并有意识地尝试、观察和利用这些药物。通过

图1　益肝草苗

无数次的试验、观察、亲身实践，他们逐渐积累了用药的知识和经验。这个过程是反复的、分散的，但每一步都是有意识的努力。最终，这些经验和知识被总结并形成了早期的药物疗法。在布依族草医中，许多世代相传的治疗疾病的方法得到了传承和发展。

二、生产条件

（一）气候条件

贵州省贵定县的气候类型为亚热带季风湿热气候，这种气候使得贵定县四

季分明，热量丰富，无霜期长，雨量充足，但也存在复杂多变的特点。该县位于长江流域和珠江流域的分水岭，境内共有144条大小河流，河网密度较高，达到0.446公里。同时，贵定县的森林覆盖率达到48%，显示出良好的生态环境和丰富的自然资源。

在贵定县，植物种类繁多，涵盖了151科、474属、881种，这些植物分布在全县各地。此外，贵定县还拥有丰富的天然中药材资源，如厚朴、黄皮、木通、楼子、八角枫、栀子、南五味子、朱砂根、天麻、石斛、杜仲、野党参、何首乌、胆草、天冬、银花、桔梗、灵芝等。这些中药材在当地得到了广泛的利用和加工，如"益肝草"就是由多种当地药材加工炮制而成，显示了贵定县在中药材领域的独特优势。

（二）技艺要求

在布依族的传统文化中，采药前的祭祀仪式被视为至关重要的一环。这一仪式由寨老召集并主持，目的在于祈求除病消灾，保障采药活动的顺利与平安。在仪式中，需摆设净茶净酒，伴随着锣鼓鱼木等交响节奏，唱诵经文并烧纸，以雄鸡血作为对土地的献祭。药师则需面向东方，净手合掌，祭拜祖师，以示敬意和虔诚。

祭祀仪式完成后，采药活动随即展开，必须在上午10时前完成，以确保药效的最佳状态。采集回来的地耳草、酸汤杆、黄栀子、客蚂叶、蒲公英等鲜药需经过清洗、晒干，然后用雄、擂钵研磨成粉末备用。最后，使用瓦罐加入特配秘方进行熬制，约20分钟后，药物便可完成制备。

在整个采药和制药过程中，所使用的器具均为木、石材质，避免使用铁器，以保证药物的纯净与疗效。这些器具包括采药时使用的锄头、刨子、镰刀、背篓，以及加工药材的簸箕、筛子、礁、擂钵、甑子、土罐等。这些精心挑选的材质和工具，体现了布依族人民对自然和生命的尊重与珍视。

三、价值与存续

（一）重要价值

1. 历史价值

布依族是一个独特的民族，他们长久以来一直依赖口头传承的方式来传递文化和知识。由于没有形成自己的文字系统，布依族的口述历史成为他们文化传承和记忆的核心。这种传承方式不仅帮助布依族人记住了他们的历史、文化和传统，还使得一些重要的知识和技能得以保存和传承。

在布依族中，关于防治肝病益肝草的秘方就是这样一个例子。这个秘方是由布依族的先祖们在长期与自然环境相处、防病治病的过程

图2　中药益肝草

中逐渐积累的地方性知识。这种知识的传承完全依赖于口头传授，一代又一代地传承下来，成为布依族文化的重要组成部分。

2. 科学价值

布依族传统中，对于肝病治疗的"益肝草"秘方，拥有着广泛的民间基础。随着科技及中医药学的不断演进，对于这一秘方的深入研究和新认知，正逐渐凸显其独特的科学价值。该草药资源充足，且成本相对较低，对于缓解当前医疗费用的快速增长与国民经济承受能力的矛盾，起到了积极的作用。另外，布依族在采集这种草药前，会举行一系列的祭祀仪式，如用雄鸡血献祭和祭拜祖师等，这些活动对于民族学和民俗学的研究，也具有一定的参考价值。

（二）存续状况

布依族，这个古老的族群，可以追溯到殷商时期的古越人，他们被历史称为"百越"的一部分，特别是"络越"支系。他们长期居住在南北盘江、红水河流域及其以北的地区，是贵州的原住民族之一。在与自然的长期相处中，布依族人民从周围的动植物资源中发现了许多具有药用价值的物质，积累了丰富的用药经验，并形成了具有独特民族特色的诊疗方法。特别是对于那些居住在潮湿山区的布依族人来说，他们针对如风湿、跌打损伤、骨折、月脚病、疔疮以及内科杂病等常见疾病，都总结出了许多有效的民族药方和治疗方法。然而，

布依族虽然有自己独特的语言，却没有自己的文字系统，这使得他们的医药知识和经验主要依赖于口头传授和师傅带徒弟的方式。这种传承方式虽然充满智慧和经验，但也导致了许多宝贵的医药知识和经验未能得到很好的保存和传承，甚至有些已经失传。这无疑在

图3　益肝草制作技艺非遗铭牌

一定程度上限制了布依族医药的进一步发展和传播。

　　布依族医药在与其他民族的文化交流中不断发展和完善，尤其是在明清时期的改土归流政策后，苗族医药的技艺和经验随着苗族的迁徙对布依族医药产生了显著影响。同时，近现代汉文化的传入也在一定程度上影响了布依族医药的发展。

📖 知识拓展

神农尝百草

在遥远的古代，人们尚未了解五谷杂粮和草药的用途，他们以打猎和采集野果为生。然而，误食有毒的野果或杂草往往会导致不幸的死亡。生病时，他们只能硬撑，缺乏有效的治疗方法。

神农，也被称为炎帝，看到他的子民遭受这样的苦难，深感同情。他决定亲自尝试天下的草木，以辨别它们的性质，告诉人们哪些是有毒的，哪些可以用于治疗疾病。

于是，神农带着几个随从离开家乡随州历山，踏上了向西北大山的征程。每当他发现新的草木，他都会亲自采摘并品尝。由于他的肚子是透明的，他可以清晰地看到这些草木如何在他的体内起作用，对五脏六腑产生

图 4　神农画像

什么影响。他都会详细记录下来，包括哪些花草可以充饥，哪些具有药用价值，哪些可以解毒等。

在这个过程中，神农发现了五谷，他让随从将种子带回，使人们能够通过播种获得粮食，结束了仅依赖打猎和采集野果的生活。

然而，在一次尝试中，神农遇到了一种名为断肠草的野草。当他吃下这片叶子后，他的肚子立刻变黑，剧痛如刀绞。他迅速记录下这种草药的性质，然

后因中毒而离世。

后来，人们将神农记录的草木整理成册，这就是我们现在所知的《神农百草经》。这本书为后世提供了宝贵的医药知识，使人们对草木有了更深入的了解。

天庭为神农对人类的巨大贡献所感动，将他接到了天庭，并让他成为世人祭拜的对象。神农的事迹和精神一直激励着后人为人类的福祉而努力。

 阅读任务

中医文化的现状

中医文化历经千年的沉淀与积累，形成了独特的诊疗理念和治疗手段。然而，与京剧等传统文化一样，中医也面临着受众群体较小的问题。尤其对于年轻的中医从业者来说，他们不仅要面对公众对中医的刻板印象，即认为老中医更具经验和信誉，还要应对现实生活中的各种压力。尽管老辈医者的经验确实宝贵，但年轻中医也是传承和发展中医的重要力量。

从医疗环境来看，尽管有很多人认可中医，但在实际选择治疗时，大多数人还是会选择西医。这导致中医在医疗体系中处于相对孤立的位置，而西医则拥有更加完善和成熟的体系。因此，许多中医院在实际运营中更多地融入了西医元素，而真正技艺精湛的中医往往因为学历、身份等限制，只能在民间或基层以诊所、医馆的形式存在。

市场需求对中医的发展也产生了影响。由于公众对中医的需求量相对较小，导致中医从业者的数量远远少于西医。在城市中，西医和中医的比例通常达到100∶1以上。当有100个患者需要治疗时，可能只有1个患者选择中医作为治疗手段。这种现状使得中医在医疗市场中的地位相对边缘化，也使得中医文化的传承和发展面临挑战。

分析上述资料，探讨当代中医文化现状成因，并陈述个人对未来从事中医行业的意愿及依据。

第三章 文化美

第二节 味如甘霖·毛尖茶文化

 阅读提醒

一、毛尖起源

(一) 历史起源

都匀毛尖茶生长于都匀市与贵定县交界处的云雾山上，最初人们开始在都匀市郊蟒山下的茶农寨附近人工种植。每年清明前几天，便会采摘第一批上品茶叶。据《都匀府志》记载，早在明代，都匀就以产出"鱼钩茶"和"雀舌茶"

图1 毛尖茶园

而闻名，被列为朝廷的贡品。后来，这种茶还在巴拿马国际博览会上获奖。然而，尽管如此，很长一段时间内，都匀毛尖茶仅仅是茶农们为了增加家庭收入而种植的作物，并没有人指望通过种茶致富。直到2014年3月7日，黔南地区出台了一系列促进茶产业发展的政策，推动了都匀毛尖茶产业的快速发展，包括制定地方标准、推行立法保护等举措。各种茶文化活动也相继举办，为都匀毛尖茶的发展提供了助力。

（二）千年贡茶百年金奖

"都匀毛尖"代表着茶叶的高质量和独特风味。在1915年的巴拿马万国博览会上，它与国酒茅台一起荣获金质奖章，从此被誉为"南方的毛尖，北方的茅台"。1982年，它更被列为"中国十大名茶"之一。之后，它在2005年获得了"中茶杯"优质奖和"贵州十大名茶"的第一名，以及一系列其他荣誉，包括被评为"全国三绿工程茶业示范县"和"中国茶产业发展政府贡献奖"。2010年，它又被选为中国上海世博会的十大名茶之一，并成为联合国馆指定用茶。此外，2005年和2010年，"都匀毛尖"和"都匀毛尖茶"分别作为商标和地理标志产品得到了国家市场监督管理总局和国家质检总局的注册保护。到了2015年，都匀毛尖的品牌价值已经达到了207.1亿元，被评为"最具品牌发展力品牌"，在全国茶叶品牌中排名第13位，成为贵州省唯一入选中国前20强的茶叶品牌。

二、鱼钩茶文化

（一）精益求精茶

1. 土壤条件

保护区范围内海拔600米至1500米，土壤为黄壤或黄综壤，土层深度在1米以上，土壤有机质含量≥1.5%，土壤pH值4.0至6.5。

2. 栽培管理

种苗繁育：每年8至11月份以无性繁殖的方式育苗。

茶树种植：

（1）定植时间分别为春栽（2月上至3月中）和冬栽（10月至12月）。

图2　毛尖茶叶

（2）定植密度为单行条例式：每公顷≤6万株，双行条例式：每公顷≤10.5

万株。

3. 施肥

每年施有机肥不少于 6000 千克/公顷或饼肥不少于 4000 千克/公顷，化肥≤600 千克/公顷。

4. 环境、安全要求

农药、化肥等的使用必须符合国家的相关规定，不得污染环境。

5. 鲜叶采摘

采摘期为 3 月初至 5 月初，采摘标准为，采取独芽或一芽一叶，颜色淡绿或深绿；采摘方法为用提手采法，保证芽叶完整，叶色淡绿或深绿，叶质鲜嫩。

6. 加工工艺

杀青→揉捻→搓团→提毫→烘焙→成品。

将鲜叶放入已经预热的锅中，让其受热并逐渐失去水分，直至表面变软失去光泽，折根时微微有些粘手感。这时开始揉捻，直到茶叶变得六成干，然后开始搓成团状。搓团直到茶条开始卷曲，含水量达到 30% 左右，就进行提毫。提毫过程中，茶条会逐渐变得紧细卷曲，白毫也会显露出来。最后，进行烘焙，直到茶叶的含水量减少到 6% 左右，就可以起锅了。挑选出细脆的焦叶，这样就得到了成品。

（二）泡茶

中国人发明了泡茶的技术，这标志着中国茶文化的重要转变，也推动了茶具、茶道、茶艺和茶文化的发展。泡茶技术讲究茶具的选择、用水的品质、水温的控制、环境的氛围、心境的平静以及仪态的端庄。泡茶的技术使得茶饮变得普及化。要泡好一杯茶或一壶茶，首先要了解茶叶的用量。不同种类的茶叶对用量有不同的要求，通常是根据茶叶的种类、茶具的大小以及饮茶者的口味来确定。

泡茶时，水温的控制对泡出的茶汤味道有着重要的影响。高级绿茶，尤其是各类芽叶嫩绿的名茶，不能用 100℃ 的沸水冲泡，一般适合 80℃ 左右的水温。茶叶越嫩、越嫩绿，所需的冲泡水温就越低，这样泡出的茶汤颜色会嫩绿明亮，口感清爽，同时茶叶中的维生素 C 也不易破坏。

在高温下，茶汤容易变黄，口感较苦（因茶中咖啡碱易溶出），维生素 C 也会大量流失。为了保持水温或提高水温，有时需要先用开水烫热茶具，泡茶后还可以在壶外再淋上热水。倒入少量热水浸泡茶叶，盖上盖子约 3 分钟，然后再加热水至杯子七八成满，即可享用热茶。喝到杯中剩余约三分之一的茶汤时，再加入开水，这样可以使前后茶汤的浓

图 3　茶具

度更均匀。据研究，茶叶通常能够被冲泡出 50%—55% 的可溶性物质，第二次冲泡能够释放出 30%，第三次则只有约 10% 左右，第四次几乎没有了。因此，一般推荐冲泡三次为宜。

（三）品茶

茶道是一种以茶为媒介的生活仪式，同时也是一种修身养性的方式。通过泡茶、品茶、闻茶、饮茶等环节，茶道可以促进友谊、美化心灵、学习礼仪，是一种充满益处的仪式。喝茶有助于静心静神，有助于品味、去除杂念，符合东方哲学中强调"清静、澹"的理念，同时也契合佛道儒中的"内省修行"思想。

在茶道仪式中，首先要洁净双手，然后将茶倒入茶碗，请客人品尝茶。接着是欣赏茶具，茶道注重景瓷如景德镇瓷器和紫砂壶。之后是清洗壶具，向紫砂壶、公道杯、闻香杯和品茗杯中倒入沸水，然后快速倒出，提升温度并清洁茶具。

接下来进行泡茶的过程，先将乌龙茶放入壶中，再次倒入沸水，此时将壶嘴"点头"三次以示敬意。然后用壶盖拂去茶末，盖上壶盖并用沸水浇热壶身。将茶汤倒入公道杯后，再将茶汤分别倒入闻香杯和品茗杯中。最后以茶奉客，客人将茶汤倒入品茗杯，轻轻闻取余香，用三指品尝茶汤，细细品味，享受泡茶的过程。

知识拓展

送南屏

谦　师

道人晓出南屏山，来试点茶三昧手。

忽惊午盏兔毛斑，打作春瓮鹅儿酒。

天台乳花世不见，玉川凤液今安有。

先生有意续茶经，会使老谦名不朽。

阅读任务

喝茶要注意的细节

1. 喝茶座次礼仪

在茶道中，虽然注重主随客便的原则，但在礼仪文化方面，遵循喝茶座次礼仪是很重要的。面对主人或泡茶的人，左手边的座位被称为"尊位"。在尊位上的座次顺序通常为：老年人、领导、女士。如果年龄相仿，女士应该优先坐在尊位上。在茶桌上，顺时针方向旋转，由尊到卑，直到主人的右手边，始终保持这个座次原则。这样无论在何种场合，都能遵守礼仪，体现对主人的尊重。

2. 如何敬茶

敬茶时应该双手奉上，通常首杯茶应该敬给桌上的德高望重者。当宾主边聊天边饮茶时，应该及时为客人添加茶水，这样可以展现对宾客的尊重。客人在品茶时应该细细品味，小口啜饮，让茶香充满口腔，而不是急于喝完。客人可以用拇指和食指捏起茶杯，观察茶汤的颜色，闻取茶香，然后将茶杯放于鼻唇之间，细细品味茶汤的味道，入定出神，微合双眼，仰首深吸气，用心品茶、品味、思考。

3. 如何让茶

在以茶待客的过程中，主人为客人不时地斟茶、续水，这不仅是对客人的尊重，也有着"慢慢喝，慢慢叙"的含义。在中国古代，待客之道也有一定的规矩，通常以三杯茶为限。第一杯是敬客茶，第二杯是续水茶，第三杯是送客茶。因此，不论是盖碗茶还是工夫茶，都应该让茶的品饮过程尽量自然随意。如果主人多次劝饮，常常意味着"应该要告辞了"。这种传统的礼仪在茶道中也有所体现，让茶成为交流的载体，不仅仅是一种饮料，更是一种情感的表达和交流。

不难发现，当代部分年轻人认为现在生活节奏较快，在喝茶不需要再遵守这些繁杂的礼仪，更多的是认为茶文化作为中华优秀传统文化，需要继承与发扬，你赞同哪种观点，并说明理由。

第三节 余韵无穷·匀酒文化

 阅 读 提 醒

一、历史长河中的匀酒

（一）匀酒历史

匀酒的历史可追溯到明末清初时期。1950 年，匀酒厂成立，是中华人民共和国成立后第一批地方国营酒厂之一。1951 年，匀酒厂以"匀茅酒"工艺为基础，创造性地独创了"匀香妙艺"，试制出优质白酒，并将产品命名为"匀酒"。凭借其优良品质，匀酒入选了贵州老八大名酒之列，这一荣誉也成了匀酒的宝贵财富之一。

图 1　匀酒传统生产车间老照片

对于都匀人来说，匀酒不仅是一种饮品，更是一种文化符号，代表着深厚的情感和传承。都匀素有"千年桃源之境，美酒之城"的美誉，而匀酒的酿造源远流长。早在古代，黔南族人就以竹鸡草根汁和米为原料酿造酒，而宋代已有关于老酒的文献记载，使用麦麴酿酒并密封藏之数年。

明末清初时期，明军酒师张宝华将唐宋时期的酿酒技艺与当地"苗曲"工艺相融合，创造了"张氏制曲秘方"，开创了"张氏酒坊"。此后，历代都匀酿酒人不断传承，经过世代辛勤劳作与智慧积淀，逐渐形成了完整成熟的白酒酿造技艺。

匀酒的工艺也经历了不断的改进与创新。最初采用了贵阳地区优质白酒的小曲酒工艺，加入了百余种中药粉，使得酒香中微带药味。1951年11月，匀酒厂成功试制出优质白酒，取名为"新制匀酒"，标志着新中国成立后都匀酿造的好酒问世。随后将名称改为"匀酒"，并使用了"飞鸽"商标，以土瓶包装出售，成为都匀酒厂的一大特色。

（二）匀酒故事——张上寿

张上寿（1930—2007），一位匀酒传统工艺的领航者，他继承了张瑞徵的技艺，并在匀酒厂技术总工的职位上不断改进酿造工艺。他的努力使得匀酒多次获得国内外的认可与大奖，受到了广泛的欢迎。第三代传承人在"匀茅"的技艺上进行了诸多改革和调整，推

图2 张上寿与匀酒厂员工合照

出了更适应市场需求、风格独特的高品质白酒。其主要工艺包括采用高粱和小麦为主要原料，通过传统固态法小曲糖化、大曲发酵，以及小窖制酒醅、大窖制香醅等步骤制作而成。匀酒的制曲过程至关重要，采用小曲、匀曲、块曲等曲种，而其中块曲的制作过程尤为复杂。它以小麦和豌豆为主要原料，经过严格的工艺环境和少量中药粉的培育而成，是匀酒独特香味的主要来源。匀酒具有独特的香型，融合了酱香型白酒的"醇厚、丰满、浓郁"和浓香型白酒的"清雅、干爽、纯净"，一杯匀酒即可体验到两种香型的特点，这得益于"张氏制曲秘方"和"匀香妙艺"的结合，使得匀酒在优质白酒市场中独具一格。

二、匀酒酿造

（一）制作流程

1. 一次串蒸

早期匀酒的蒸馏工艺采用小曲制作高粱酒醅，然后以高粱酒为锅水，经加热蒸发产生蒸汽，穿过上层的香醅，以获得香气，最终经过再蒸馏形成酒，这一过程被称为"二次法"串香蒸馏，也被称为复蒸馏法串香工艺。然而，这种工艺存在着酒的产量低和损耗大的问题。20世纪80年代，匀酒的前辈们不断摸索，将工艺改进为酒醅和香醅同时放入同一个蒸馏锅中（酒醅位于底部，香醅位于上层），这一技术被称为双醅"一次串蒸"法，至今仍在沿用。

2. 二池发酵

早期的匀酒工艺采用了传统的小曲清香工艺，但在20世纪80年代初，对酒醅工艺进行了改进，引入了小曲糖化和大曲发酵工艺。这一改进使得酒的发酵周期从原来的7天左右延长到后来的30天，尽管改进了工艺，但也导致了出酒率的下降和生产成本的增加。因此，从20世纪80年代

图3 匀酒

至今，匀酒的风格变得更加醇和连绵，不再具有川法小曲清香酒独有的糟香和强劲气息。匀酒香醅的制作过程包括在大池中制作香醅，将酒糟、香糟与匀曲、块曲混合后放入窖中发酵，整个过程需要1年的时间。匀酒香醅作为香味物质的来源，在匀香型白酒的酿造中扮演着至关重要的角色，是构成匀酒风格的关键因素之一。

3. 三种曲药

在生产匀香型的白酒过程中，通常使用三种不同的酿酒曲料：根霉小曲、

匀曲以及块曲（亦称为中温大曲）。虽然多数国内知名白酒品牌倾向于使用单一种类的曲料，匀酒的生产却特别地结合了这几种曲料，以实现它们之间的互补效果。

在这些曲料中，根霉曲和匀曲主要含有大量的霉菌和酵母菌，细菌含量相对较少，这主要是为了促进酒的产出。相比之下，块曲中细菌的比例较高，而霉菌和酵母菌则主要用于增加酒的香气。

将小曲和大曲共同使用于

图4　匀酒酒曲生产

匀香白酒的制作中，能够使成品既拥有小曲酒特有的柔和与回甘，又融入了大曲酒的浓郁与丰满，避免了过于厚重或淡薄的口感。

在匀酒的早期版本中，酿酒师们曾经加入超过100种中药材以增加风味，但由于这种浓烈的药材味道往往不被普通消费者所喜爱，自20世纪90年代以后，这一做法被调整，仅保留了36种中药材。20世纪70年代和80年代生产的老原酒仍然采用100多种中药材制作而成。这些中药材主要是添加至自制的块曲中，成为匀酒特有的细微药香来源，不仅为匀酒增添了独特风味，同时也携带了一定的健康益处。

4. 三年陈酿

对于匀香白酒的制作过程而言，一个关键的步骤是将基酒储存在陶瓷坛中进行长达三年或以上的陈化，这一过程是其独特工艺中非常重要的一环。与其他类型的白酒相比，基酒在这一长期的陈酿期间，不仅会发生氧化还原反应，还会经历一系列复杂的化学和物理变化。这些变化有助于保留对健康有益的高沸点香气成分，同时有效移除可能对健康造成不利影响的低沸点物质，并消除新酒的不良气味。

此外，该过程还促进了水分子与酒精分子之间的紧密结合，这一变化显著降低了酒的辛辣感，使得酒体变得更加柔和、绵软。通过这种精细的勾兑工艺，勾香白酒独有的陈香与药香得以显著提升，为饮用者带来更为舒适的体验。

（二）制作要求

勾酒是一种采用高粱、小麦等原料，通过传统固态法小曲糖化和大曲发酵的酿造工艺而成的酒品。在勾酒的制作过程中，勾曲、小曲和块曲被广泛应用。块曲是勾酒独特香味的主要来源，其制作工艺复杂，以小麦、豌豆为主要原料，并添加少量中药粉，在严苛的工艺环境下培育而成。勾酒以其醇香、绵柔回甜以及酯香、醇香和微微药香相结合的独特香气而闻名。由此可见，勾酒的制作工艺经过精心设计与勾调，使其既拥有大曲酒的芳香，又具小曲酒的回甜。

与"酒"有关的诗词

刘浑《新卜原上居寄袁校书》——雪夜书千卷，花时酒一瓢。

庾信《答王司空饷酒诗》——开君一壶酒，细酌对春风。

许浑《谢亭送别》——日暮酒醒人已远，满天风雨下西楼。

范成大《新邻招集强往便归》——年少不知韶光贱，阶前月桂醉春深。

李白《早春寄王汉阳》——预拂青山一片石，与君连日醉壶觞。

吴西逸《清江引·秋居》——扫却石边云，醉踏松根月。

柳永《雨霖铃》——今宵酒醒何处？杨柳岸，晓风残月。

欧阳修《梦中作》——棋罢不知人换世，酒阑无奈客思家。

李白《陪侍郎叔游洞庭醉后三首》——巴陵无限酒，醉杀洞庭秋。

李白《把酒问月》——青天有月来几时，我今停杯一问之。

李白《游洞庭湖五首·其二》——且就洞庭赊月色，将船买酒白云边。

洪适《渔家傲引》——昨夜醉眠西浦月，今宵独钓南溪雪。

王士祯《题秋江独钓图》——一曲高歌一樽酒，一人独钓一江秋。

欧阳修《琅琊山六题·石屏路》——我来携酒醉其下，卧看千峰秋月明。

黄裳《送斛绛侍亲之官》——夜歌一剑胸中气，卯酒三杯马上风。

王勃《赠李十四四首·其二》——平生诗与酒，自得会仙家。

李白《把酒问月·故人贾淳令予问之》——唯愿当歌对酒时，月光长照金樽里。

朱敦儒《鹧鸪天·西都作》——玉楼金阙慵归去，且插梅花醉洛阳。

李商隐《送崔珏往四川》——卜肆至今多寂寞，酒垆从古擅风流。

元好问《人月圆》——醒来明月，醉后清风。

张可久《人月圆》——山中何事？松花酿酒，春水煎茶。

唐温如《题龙阳县青草湖》——醉后不知天在水，满船清梦压星河。

纳兰性德《浣溪沙》——被酒莫惊春睡重，读书消得泼茶香。

杜甫《漫兴》——莫思身外无穷事，且尽生前有限杯。

白居易《与梦得沽酒闲饮且约后期》——更待菊黄家酝熟，共君一醉一陶然。

李商隐《赠白道者》——壶中若是有天地，又向壶中伤别离。

📖 阅读任务

飞花令

在古代，飞花令是一种游戏，要求背诵或现场创作与前人诗句或词句格律相符的诗句。在这个游戏中，选用的句子通常不超过七个字。参与者们轮流接续，当有人不能作诗、背诗或作错、背错时，就需要喝酒。游戏的规则还可以有一些变化，比如诗句中带有"花"字的位置对应到某个人，如果正好对应到自己，则需要喝酒。另外一种行令方式是，诗句中"花"字所在的位置决定了由第几个人喝酒。如此规则设计使得飞花令变化多样，富有趣味性。

图5 飞花令

以"月""花"和"人"为飞花令，分组进行，并尝试说明飞花令的流行对于古人自身的文学素养有什么帮助。

第四节　红飞翠舞·民间服装文化

📖 *阅读提醒*

一、黔南州常见的少数民族服装

（一）布依服饰

　　布依族服饰作为一种物质文化现象，与社会的经济发展相适应。布依族居住在南盘江、红水河流域及支流上，地形复杂，高山险地是自然屏障。布依族源自古越人，保留着古老的服饰特点，《旧唐书·西南蛮》描述男子左衽、露发、徒跣，妇女横布两幅，穿中而贯其首，名为通裙。传统服饰为男着衣衫，女穿衣裙，蜡染、挑衣、刺绣图案装饰。由于布依族居住在热带地区，服饰宽松符合气候特点。

图1　少数民族服饰

（二）苗族服饰

苗族服饰以童装、便装和盛装为主要组成部分。盛装在苗语中称为"呕欠嘎给希"，意为"升底衣服"，又称为"呕欠涛"或"银衣"，常与百褶裙搭配，前后围腰。在湘西和黔东方言苗区，喜爱银饰；而黔南的一些地区则偏好贝饰，而西部方言区的苗族服饰则较少使用银饰。苗族服饰多样，据统计有200多种样式，跨度广，主要特色包括银饰、苗绣和蜡染。

图 2　苗族服饰

（三）水族服饰

水族在中华人民共和国成立前处于封建地主经济发展阶段，主要以农业为生，善于纺织和染布，崇尚黑色和藏青色。水族男子穿大襟无领蓝布衫，戴瓜皮小帽，老年人则着长衫，头缠里布包头，脚裹绑腿。妇女穿青黑蓝色圆领裂襟宽袖短衣，下着长裤，结布围腰，穿绣青布鞋。水族服饰禁忌红色和黄色，喜欢蓝、白、青等冷调色彩，偏好朴素、大方、实用的款式。传统服饰展示了水族独特的审美观，富有民族文化特色，体现了水族文化的独特魅力。

图 3　水族服饰展示

二、现代服装文化

（一）普通服装

北伐后，当时的民国政府规定了新的服装制度，男子开始穿中山装和西装。这两种服装都是外来的样式，在官员和知识分子中比较流行，夏季通常选择白色，其他季节选择黑色或深色。长袍和马褂仍然是常见的服装。学生通常穿立领、三袋七扣的学生装，这是高等学府的制服。长袍配上坎肩和马甲也很普遍。此外，乡村男女通常穿上衣配裤子或外罩一条裙子，这是普遍的装束。女装在这个时期有了较大的变化，有些人保留了清代的偏襟衣裤，有些人则采用仿西式的上衣下裙，学校里的女学生多穿偏大襟的上衣，下身搭配黑色绸裙。

（二）礼服

礼服是在特殊场合穿着的正式服装，通常以裙装为基本款式特征。在西方传统中，礼服包括晨礼服、小礼服（晚餐礼服或便礼服）和大礼服（燕尾服），而晚礼服则不包含在传统礼服范畴内。

中山装源自孙中山的设计，并因他率先穿着而得名。1912 年，民国政府将中山装定为礼服，并对其造型进行了修改，赋予了新的含义。中山装的特点包括立翻领（最初是立领）、对襟、前襟五粒扣、四

图 4　中山装

个贴袋、袖口三粒扣，而后襟则不破缝。这些设计都寓意深远：

前脸四个兜分别代表礼、义、廉、耻。

门襟五粒纽扣代表着立法、司法、行政、考试、监察，象征着五权分立。

左右袖口的三个纽扣分别表示三民主义（民族、民权、民生）和共和理念（平等、自由、博爱）。

后背不破缝象征国家和平统一之大义。

衣领定为翻领封闭式，显示严谨治国的理念。

（三）婚礼服装

唐代时期的男装以绯红色为主，女装则以绛红和青绿为主。新郎新娘通常会遵循红男绿女的传统准备婚服，新娘的装扮被称为钗钿礼衣。在宋代，审美观念更加注重简约，日常服饰偏向浅绛色和浅青色。然而，婚礼仍然延续唐代的传统，红色和凤冠霞帔成为重要元素，凤冠也被正式列入礼服配饰并纳入"冠服制度"。宋代早期女性婚服多为青绿色。近现代社会变革和西方文化的影响下，婚嫁服饰逐渐呈现多元化趋势。民国时期出现的旗袍在展现曲线美和独特东方风韵方面备受女性青睐。除了旗袍和中山装，婚礼上也出现了婚纱和西装礼服，头饰也从凤冠霞帔转变为白色头纱。改革开放后，西方婚纱逐渐成为民间婚服的主流选择。

黄袍发展史

图5　黄袍加身

　　自隋代以来，帝王常穿黄色。起初，这是因为黄色是日常服装的常见颜色，因而方便实用，因此从帝王到庶民都穿着黄色，只是贵族使用更高级的绫面料和装饰更豪华的腰带。唐代延续了这一传统，帝王常穿赭黄色的服装。然而，这种"黄"并非普通人所穿的明黄色，而是略带赤色的深黄色。这种颜色选择可能与隋文帝的个人喜好有关。起初，赭黄色袍子并不局限于皇帝，只是皇帝日常喜好的服饰而已。随着时间的推移，赭黄色逐渐成为皇帝的专属颜色，并被规定为士庶不得穿着的服饰。随着时间的流逝，赭黄色作为帝王服装的概念越来越深入人心，其色彩也逐渐扩大。明代建国后，明确规定皇帝常服为"袍黄色"，而皇太子及以下常穿"袍赤色"。到了清代，帝后朝服颜色被明确调整为明亮度最高的"明黄"，而皇子及贵妃、妃则使用略带赤色的"金黄"，非特赐禁臣庶使用。清代距今最近，因此现今一般认为帝王服装的代表色是"明黄"。然而，这种在后世象征皇权的色彩最初只是普通人的服装颜色。

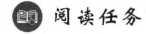 阅读任务

服装与汉字结合的艺术

为什么把正楷字印在衣服上会显得有些土呢？这可能与母语羞涩现象有关。正楷字使用非常普遍，以至于我们看到汉字时，往往会先想到其背后的含义，而不是将其视作一种装饰性符号。这就导致了一种廉价感。这种情况不仅存在于中文中，在英文中也同样存在。从设计角度来看，英文笔画比较简单，容易根据规则进行图形搭配，而若想让汉字与衣服搭配，可以重新设计笔画的比例，保证字体可识别性的同时，结合相应的文化氛围，表现美感。例如可以使用甲骨文、小篆等文字，或者添加其他书法字体，如草书。

假设你现在作为某一个民族的服饰设计师，你将如何设计你的衣服，进而凸显出本民族的文化特色、历史底蕴、语言魅力等要素。

📖 章末探究

探索民间文化的保护方法与传承路径

布依族的肝病防治秘方传承，是布依族先民在历史上根据自然环境和疾病防治积累的地方性知识，具有深厚的群众基础。随着科学技术的发展和中医药理论与实践的进步，对于"益肝草"秘方的新发现和认识日益凸显其科学价值。"益肝草"资源丰富，成本较低，可以在一定程度上缓解医疗费用增长与国民经济承受能力矛盾的问题。由于布依族历史上只有口头传承而没有文字传承，许多医药经验未能得到有效传承，这限制了布依族医药的发展。

王守仁的知行合一理论强调道德意识与实践之间的关系，克服了知识与行为相分离的问题，但也抹去了朱熹的知行说中知识论的成分。尽管王守仁的观点有利于道德修养，但忽视了客观知识的学习，这导致了后来王学弟子任性废学的问题，甚至有清初思想家将明朝的衰落归因于王学的弊端。

毛南族的猴鼓舞是一种传统舞蹈，因其欢快的节奏和滑稽的动作而逐渐成为毛南族欢庆节日的一部分。猴鼓舞已有600多年的历史，反映了巫术礼仪、丧葬仪式、驱邪求吉等内容。然而，在20世纪中后期，猴鼓舞被视为封建、愚昧、糟粕的活动，被列为"四旧"之一而被取缔。但经过重建后，猴鼓舞再次出现在人们的生活中。

匀酒是一种具有地方特色的酒，曾在20世纪70年代推出的匀38备受欢迎，甚至出现了供不应求的情况。20世纪80至90年代中期，匀酒先后获得了多项殊荣，但由于各种原因，国营的匀酒厂在2000年后基本停滞不前。直到2011年，吴卫红和卢国利团队全面控股匀酒厂，并通过改制重组，匀酒厂得以恢复生产酿造。

📖 章末总结

根据黔南州各种传统文化的时代特点与传承历程，总结出传统文化濒临消失的原因，并提出如何有效保护与传承传统文化，并说出理由。

民 俗 美

　　民族文化指各民族在其历史发展过程中创造和发展起来的具有本民族鲜明特点的文化，它是一个民族风俗习惯、伦理道德、思维方式及人生观、价值观等多方面的长期演进的整合体。它会随着社会的物质文明和精神文明的建设，随着社会思想、文化的发展，逐步吸取其他民族文化的优点，而不断丰富和发展。

第一节　千年文化·芦笙舞

 阅读提醒

一、蚩尤与芦笙舞

（一）战争之神——蚩尤

蚩尤，阚姓，被认为是中国历史上中华武术文化的奠基者。他开创了开采矿石并铸造武器的方法。蚩尤拳，即被广泛传承于民间的湘西金牛蚩尤拳，属于南拳体系。关于蚩尤拳的起源，有传说称它是由蚩尤创立的，也有一种说法认为后来苗族借用了蚩尤的名号。

图1　蚩尤雕像

据传，在古代，蚩尤以古老的苗族游戏"角抵"为基础，创立了一种拳法。由于其技艺高超、招数狠辣、功法稳固，成为苗族人民强身健体、战胜敌人的利器，因此被苗族同胞亲切地称之为蚩尤拳。

（二）芦笙舞的前世今生

在西南地区，有一种被广泛流传的少数民族民间舞蹈，称为芦笙舞。这种舞蹈被苗族、侗族、水族、瑶族、拉祜族、纳西族、彝族等民族广泛传承。据传，苗族的芦笙舞起源于远古时期，传说中蚩尤率领苗族等部落抵抗黄帝东进，失败后退入深山。为了集聚四方苗族民众，蚩尤在山坡上竖立一根树干，并用红腰带系在上面，让男女青年绕着"花杆"吹奏芦笙、跳苗舞。芦笙的声音像号角一样，吸引了四方苗族民众，使蚩尤能够重整旗鼓，继续与黄帝战斗。这一传统习俗沿袭至今，成为苗族的传统节日，被称为"跳月"或"踩花山"。

二、多民族的艺术呈现

芦笙舞是一种在芦笙吹奏声中进行的舞蹈，融合了歌声与舞蹈，是少数民族人民中最受欢迎的民间艺术形式之一，也是参与度最广的。随着历史和社会变迁，芦笙舞不断演变与发展。芦笙舞对中国传统民族舞蹈做出了重要贡献，在演变过程中并未失去其民族特色，而是得到了继承和弘扬。

芦笙舞可分为自娱、习俗、表演、祭祀和礼仪等不同类型，每种类型都有其独特的特点和形式。芦笙舞贯穿了当地人民的日常生活，不分年龄性别，皆可参与其中。不同类型的传统芦笙舞对活动场所和参与人群有不同的要求，其动作风格时而庄重肃穆、时而轻快急促、时而优美缓和。

图 2　表演芦笙舞的男子

云南苗族芦笙舞随着苗族人民的迁徙而传入云南，是当地最广泛流传的古老民间舞蹈之一，因其伴随芦笙自吹自舞而得名。作为独立的艺术形式，云南苗族芦笙舞具有其他民族舞蹈所不具备的独特价值。

三、芦笙曲与芦笙乐调

芦笙在苗族语中被称作"梗""嘎斗""嘎杰"，是苗族人民最主要的演奏乐器之一。它完全融入了苗族人民的日常生活，常常在悲伤的丧礼仪式、温馨浪漫的男女交往和欢乐的节日中被演绎。有些地方甚至有专门的芦笙节，以吹奏芦笙和跳芦笙舞为主要内容。

芦笙的种类繁多，但在苗族中最常见的是六管芦笙，能

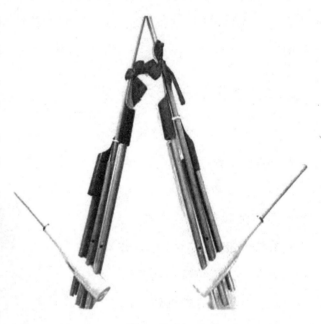

图3　芦笙

吹出六个音调。这种芦笙的基本音调是C、D、E、G、A，苗族的芦笙曲作家常常利用这五个基本音创作出许多著名的芦笙曲。在这些曲子中，通常有一个持续的音贯穿整首曲子，形成了一种对称的曲调发展过程。

芦笙乐曲通常由芦笙词乐调和芦笙曲交叉组合而成。芦笙词乐调指的是芦笙词语调经过演变形成的曲调，再由芦笙模仿而成。在特定的情境、语境和特定的人群中，芦笙词乐调可以成为一种特殊的交流语言，因此也被称为"有语义性"的芦笙乐曲；而芦笙曲则是指由固定曲调演变而来的部分，该部分没有明确的语义，因此被称为"非语义性"的芦笙乐曲。

不同舞蹈的文化内涵

舞蹈作为一种古老而又多样化的艺术形式，确实在不同的年龄层、舞蹈爱好者和专业舞者中有着广泛的选择空间。

1. 古典舞

源自欧洲的古典舞以其优美的线条、严谨的技术和精致的表现形式而闻名。它注重舞者的身体姿态和技巧，常常表现出高雅、优美、庄重的气质。

2. 民族民间舞

这类舞蹈源自各民族、地域的传统文化，反映了当地人民的生活、风土人情和民俗风情。不同民族的民间舞各具特色，有着丰富多彩的舞蹈动作和音乐伴奏。

3. 现代舞

与古典舞相比，现代舞更加注重情感、内心表达和身体的自由流动。它通常不受传统舞蹈形式的限制，更加开放和自由，常常表现出对当代社会问题的思考和反映。

4. 当代舞

当代舞是一种相对较新的舞蹈形式，融合了现代舞、民族舞等元素，通常更具实验性和前卫性。它可能涉及跨领域的艺术表现，如舞剧、实验舞蹈等。

5. 芭蕾舞

源自意大利文艺复兴时期，经过法国的发展而成为现代芭蕾舞。芭蕾舞以优美的舞姿、高度技巧性和严格的训练而著称，常常表现出宫廷舞剧、童话故事等题材。

📖 阅读任务

节选自《芦笙吹舞为卿痴（一）》

吴学良

临近晌午，百货公司前空旷地边的芦笙吹奏、口琴和鸣引来了围观者。在人群中"吹一曲、舞一曲"的鼓动下，经不住，也按捺不住急于想在小花苗少女面前表现自己技艺的芦笙手们，便开始了斗芦笙表演。芦笙曲调分舞曲和祭祀曲。舞曲节奏轻快活泼，很适合平时聚会表演。单人吹笙独舞时，但见舞者把白褂缠进腰带，双手紧握笙斗，随着韵律边吹边舞，自由漫步绕圈热身。双人对演时，舞随情动。斗芦笙情节乍现后，他们或相向而立，或呈八字形交换位置，默契地在紧促节奏里将腰一沉，随着节拍在旋转里或以脚尖相触为斗（斗鸡，四拍）。或脚尖点地，向外踢腿，一点一丢，一点一旋（点种，两拍）。或一脚蹲跳，另一脚伸直由外向内划圈（蹁草，一拍）。或一脚蹲跳，另一脚脚背内外翻着地（拌粪，二拍）。或一脚蹲跳，另一脚向前伸出落地，一收一伸（捞粪，两拍）。或一脚蹲跳，另一脚向旁划小圈着地（犁地，一拍）。或一脚蹲跳，另一脚向旁悬空划小圈，脚不落（搅炒面，一拍）。或原地走圆场大圈直立以头旋转（车圆车，一拍一转）。或头肩一边落地，两脚向上塑竖（直竖），或前、后滚翻（石头滚坡）。

或一蹲，两腿向前后尽量撕开（一字跨步，两拍）。或脚掌、肩落地支撑身体，以头为圆心，悬腰翻滚（蚯蚓滚沙）。整个双人斗芦笙过程舞姿轻快奔放，曲调悠扬明快，蹲、转组合之间，笙不离口，音不绝断，行不滞缓，每一个动作，都是力与美的再现，令人眼花缭乱，目不暇接。喝彩声中，两人斗芦笙会不断地加入新的芦笙手。有时三人、四人、五人不等，你来我往中，时而如蝴蝶穿梭，时而像柳絮轻扬，时而又似瀑流飞泻，成百上千的围观者及喧哗声给予了他们源源不绝的动力，掌声变成了对他们的激励。

一场芦笙曲吹下来后，人群在依依不舍里逐渐散去。直到苗家少女们的口琴声恍如温柔话语抚平他们的疲劳，直到散场后又柔缓地边吹边走街过巷，踏上回家的路，这一切才宣告结束。可结束仅属于他们，夜里，这种场面被一次次嵌入我酣酣的梦乡，直到如今仍然还依稀浮现。

　　仔细阅读上述材料，思考作者为什么要花大量笔墨描写有关芦笙舞的表演，理解作者所要表达的思想情感。

第二节　神秘礼仪·傩堂戏

 阅读提醒

一、沈从文《巫神之爱》节选

（一）《巫神之爱》原文节选

表演队伍他头缠红巾，双眉向上竖。脸颊眉心擦了一点鸡血，红缎绣花衣服上加有朱绘龙虎黄纸符，他手执铜叉和镂银牛角，一上场便有节拍的跳舞着，还用呜咽的调子念着娱神歌曲。

他双脚不鞋不袜，预备回头赤足踩上烧得通红的钢犁。那健全的脚，那结实的腿，那活泼的又显露完美的腰身转折的姿势，使一切男人羡慕、一切女子倾倒。那在鼓声砰砰下

图1　傩堂戏表演队伍

拍动的铜叉上圈儿的声音，与牛角呜呜喇喇的声音，使人相信神巫的周围与本

身，全是精灵所在。

（二）《巫神之爱》节选解析

沈从文以其精湛笔法，生动地描绘了湘西傩堂戏中那些令人难以忘怀的角色形象。这位著名作家深深热爱着源自凤凰的傩堂戏，将其视为童年回忆的一部分。对他而言，傩堂戏不仅是一种古老的艺术形式，更是凤凰近代史的生动见证。这种古朴的艺术形式不仅是凤凰的瑰宝，也是民族的自豪，而沈从文则通过巧妙的文学手法，将民俗与文学完美地融合在一起，成为独一无二的文学典范。

二、傩堂戏特色

（一）起源

傩堂戏的源起可以追溯到古代苗族先民对"万物有灵"的信仰。他们崇拜鬼神，相信灵魂永存，因此进行祭祖活动以祈求祖先保佑。随着时间的推移，酬神祭鬼在周代楚地更加盛行，巫师演唱祭奠词曲成为一种固定的形式。

图 2　傩堂戏表演

（二）剧目和腔调

傩堂戏经过历代民间艺人的创造和加工，内容丰富，剧目繁多，大致可分为始祖戏和正本戏两类，后者又包括大戏、小戏和折子戏。其曲调唱腔达到约二三百种，随内容变化，其中最主要和流行的是月你的"十二大腔"，即"十二大调"，分为"傩堂腔"和"高台腔"。"傩堂腔"包括"开山调""先锋调""师娘调""搬算匠调"和"童儿调"，这些古老原始唱腔具有浓厚的酬神色彩。

三、面具和人物性格

傩堂戏中的面具在傩祭中扮演着重要的角色。在商周时期兴盛的傩祭中，为了达到强烈的祭祖效果，主持傩祭的方相氏佩戴着“黄金四目”面具，成为驱鬼逐疫、消灾纳吉的神秘形象。在傩戏表演中，面具也成了造型艺术的重要手段，是傩戏最重要、最典型的道具之一。演员佩戴傩戏面具不仅突显了傩戏的独特性，也是与其他戏剧区分开来的重要特征。

图 3　傩堂戏面具

关于京剧脸谱，它是中国文化特色的一种化妆方法，每个历史人物或角色都有一种特定的谱式，类似于乐谱，因此被称为“脸谱”。它源自假面具，已成为戏曲爱好者喜爱的艺术形式之一，也是中国传统文化的标志之一。京剧脸谱的特点包括美与丑的矛盾统一，与角色性格密切相关，并且图案程式化。

至于京剧脸谱的颜色寓意，通常是：

红色：表示忠诚、英勇、正直。

黑色：代表忧郁、刚毅、阴险。

白色：象征阴柔、善良、正直。

蓝色：表示刚毅、果敢、粗犷。

黄色：代表狡诈、阴险、勇敢。

绿色：表示阴险、狡猾、聪慧。

戏曲念白

念白在中国戏曲中是一种独特的艺术表现方式，通过介于朗读和唱歌之间的音调，将语言戏剧化、音乐化，常与唱腔相互配合，用以表现人物的内心独白和情感，突显人物性格特征。念白并非单独存在，而是结合表情、动作等多种表现手段，为传达人物思想情感、展现人物形象服务。

在进行念白时，清晰准确表达感情是至关重要的。因此，必须深入研究戏中的人物，从中获取正确的语气和情感。同时，念白时口中的力度和节奏也至关重要。过于轻盈会使表演缺乏力量感，但过于用力又会显得生硬僵硬。适度的力度可以使念白更加圆润自然。

念白在推动剧情发展、揭示人物性格和思想等方面起着关键作用，被形象地描述为"千斤话白四两唱"。在京剧中，念白和唱腔的交替运用极为巧妙，构思精巧，展现出唱念结合的艺术魅力。唱念结合，不仅有利于叙述故事情节，也有助于人物之间的互动交流。

查找资料，寻找经典的戏曲念白，进行深度分析，并谈谈念白在戏曲中的运用对于文章写作有什么启示？

第四章 民俗美

第三节 文字化石·三都水书

📖 **阅读提醒**

一、水书概况

（一）水书中的甲骨文

在 20 世纪初，水族古文字引发了学者的关注。1943 年，岑家梧教授首次展开了对水族古文字系统的研究。他指出水书可能与殷商甲骨文有关，起源于西北地区，后来传入黔地。在《郭沫若全集·考古篇》中，郭沫若提及了殷商甲骨文

图 1 水书文字

的拓片以及他对其中"六十甲子"的汉字翻译。通过对比发现，甲骨文中的"六十甲子"与水书中的相同。此外，黔南地区发现的夏朝古都陶瓷碎片上的 24 个符号一直难以解读，但水书专家能够识别其中的 22 个，与水书文字完全一致。

（二）水书的起源

水书的起源可以追溯到极为古老的时期，与殷商时代的甲骨文和金文有着密切的联系，虽然属于同源但不同种类。水书被视为殷商时代文化的遗产，与

《易经》有着相似之处，被称为象形文字的"活化石"。随着历史和时代的演变，甲骨文和金文已经逐渐远离我们，而水书至今仍然被水族人广泛应用于社会生活。这对于我们研究水族文明、文字和文化史具有极其重要的历史和现实价值。

（三）水书的传承现状

目前，水书的传承面临着严峻挑战。由于水书一直通过代代传承的方式，记录水书的材料形式除了纸张还包括刺绣、碑刻、木刻等多种载体，然而随着时间的推移，许多水书古籍和文字图像正面临着严重的破坏和流失。同时，水书传承者的数量正在急剧减少，尽管全国估计有近千名水书先生，但大部分年龄已经超过60岁，许多散布在民间的水书古籍无法得到专业的保存和修复。由于传统水书收集整理和水族文字研究面临人力、物力和技术方面的限制，采集整理和识别

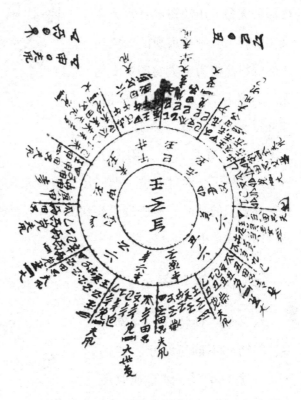

图2　水书历法

大量散落在民间的水书文献具有巨大困难，无法满足信息化时代对濒危水族文字的挽救需求。因此，国内外的学者已经开始高度重视濒危水书的抢救工作，积极开展水书文献资料的挖掘、收集和整理工作。

二、水书日历

水书的历法内容是根据各种星辰（包括十天干和十二地支在内的星宿）在宇宙中的运行变化而制定的，因此具有一定的科学基础。水书先生常常利用这些天体运行的变化来进行择日课。他们观察各种星辰在宇宙中的运动，选择有

相互遮蔽的日子以避免凶兆，选
择有互相照应的日子以获得
吉兆。

水书不仅包含丰富的原始宗
教信仰内容，还保存了待挖掘和
破译的天象、历法资料和水族古
文字资料。其中所反映的天象和
历法资料是极为宝贵的历史文化
遗产。水书中的一些基本理论，
如九星、二十八宿、八卦九宫、
天干地支、日月五星、阴阳五

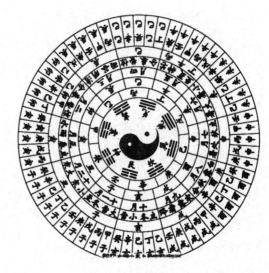

图 3　天干地支

行、六十甲子、四时五方、七元历制以及水历正月建戍等内容，都是水族先民
智慧和艺术的结晶。这些理论蕴含着科学、哲学和伦理观念，展现了水族文化
在中国文化史上的辉煌一页。

三、水书文字

水书是一种特殊的文字形
式，其结构不同于汉字，有的
字是汉字的反写、倒写或改变
形体的写法。水书文字起源于
水族先民受到汉人统治阶级迫
害的历史，并传说他们的祖先
创制了"鬼书"以反抗统治。
因此，水书与汉字不同，并不
是一种拼音文字。

水族古文字的结构主要分
为三种类型：象形字、仿汉字
和宗教文字。水书的载体包括

$?b$

开 $?bən^{13}$、$thjen^{13}$
天

$?bən^{35}$ 井、膈、穴

m

mi^{55}、$fən^{13}$、$ja{:}ŋ^{31}$
未

mit^{32} 刀、杀

ma^{52} 马、午

ma^{52}、$ŋo^{31}$、li^{31}
午

mai^{52} 木、棺材

mok^{32} 木

mai^{52}、$ha{:}i^{31}$、
$pən^{31}$ 棺

$m̥$

戎 $m̥a^{13}$、$thon^{33}$
犬、狗、光临、
戍

$m̥a^{13}$、ten^{31}、
$thon^{33}$、qau^{33}、$hət^{55}$

图 4　水书文字解读

口传、纸张手抄、刺绣、刻、木刻、陶瓷等形式，其书写方式是从右到左直行竖写，没有标点符号。水族古文字以自然界的事物和图腾物为主题，仍然保存着远古文明的信息，在水族地区被广泛使用，被认为是世界象形文字的"活化石"。

关于水族传统文化的展示，纪录片《水书先生》等作品通过展示水族语言、文字、历法、习俗、服饰等独特文化，让观众更加深入地了解水族神秘而古老的文化传统，展现了水族人民的勤劳、朴实和积极向上的精神风貌。这些作品对于推动水族地区的文化传承和创新发展具有重要的推动作用。

📖 **阅读任务**

水书——《连山易》

《连山易》又称为《连山》，最早可见于《周礼·春官宗伯·大卜》，据说是由天皇氏所创立。古代有三本易书，分别是夏朝的《连山易》，商朝的《归藏》，和周朝的《周易》。《周易》一直流传至今，而《连山》和《归藏》则在历史长河中逐渐失传。

然而，在近年网络的真实叙事下，《连山易》的存在得以证实。1993 年在湖北江陵市王家台的秦墓中出土了 394 枚约 4000 字的易占简书，证实为《归藏》。而 2005 年，贵州一位名叫谢朝海的 76 岁老人站了出来，展示了一套共有 5 册的《连山易》，他自称是该书的第 7 代传人，手中的这本书抄写于民国年间。

图 5　连山易

然而，翻译《连山易》却是一项极具挑战性的任务，因为这本书是使用水书写的，能够理解水书的人只有"水书先生"这样数量极少的人。在专家与水书先生共同努力下，他们发现《连山易》实际上是一部古代的"百科全书"，囊括了天文历法和农事知识，以动物、图画和符号为形式，讲述了天象和历法知识；并且基于天文历法，推演了阴阳五行、天干地支以及各种相互关系的原理；随后，根据这些原理，对各种活动如婚丧嫁娶、出行、经商等进行预测和指导，判断其是"吉"或"凶"。

查阅资料，理清《周易》《连山》《归藏》这三本书的关系，并分别说明其重要性。

第四节　布上绣花·水族马尾绣

 阅读提醒

一、图腾文化

（一）龙凤图腾意义

龙和凤是中华民族的两大象征，历史悠久，已经存在数千年。龙的形象融合了爬行动物和哺乳动物的特点，在其身上可以看到蛇、马等动物的形象，被称为"众兽之君"；凤则主要融合了鸟禽类，被誉为"百鸟之王"。

图 1　马尾绣龙凤图

图 2　马尾绣鱼图

（二）水族图腾——鱼

水族鱼图腾源自古代先民的生活记忆和神话传说。水族先民与鱼类有密切

第四章　民俗美

的关系，认为鱼类的营养丰富、生殖力旺盛、形体优美、机敏特性令人倾慕崇拜。他们认为自身的生命和发展与鱼类有着神秘的内在联系，从而产生了对鱼的崇拜，并将其演化为图腾。鱼图腾意识在水族生活中虽然表面淡化，实际上却深受影响，对他们的生活方式有着深远影响。

二、"背带"中的情感色彩

（一）水族马尾绣背带

水族马尾绣背带的起源尚无具体的历史记录，但最早的记载可以追溯到清朝时期。水族社会长期以来基本自给自足，导致社会相对封闭，却有利于保存和传承水族文化的特色。

三都县水族的马尾绣背带图案是在物质和社会文化影响下形成的特有服饰文化。马尾绣背带的原料来自水族社会赛马的习惯，人们收集白色和黑色的马尾，用于制作马尾绣背带和服饰刺绣。

（二）送背带的意义

水族背带是一种独特的养育工具，不仅外观别致、做工精细、色彩艳丽、使用便捷，还承载着丰富的文化内涵，是水族民族文化特色的重要表现之一。首先，水族背带具有独特的实用功能。在水族地区，已婚生育的妇女常常使用精美的背带将孩子背在身上，可谓是孩子的摇篮，一张移动的床。因此，用"床"作为背带的量词，称之为"一床背带"，而非"一条背带"。

三、非遗文化助力乡村振兴

非物质文化遗产指的是代代相传、被视为文化遗产一部分的各种传统文化表现形式，以及与这些表现形式相关的实物和场所。非物质文化遗产是一个国家和民族历史文化成就的重要象征，也是优秀传统文化的重要组成部分。

文化和旅游部发布了《"十四五"非物质文化遗产保护规划》，特别提出要加大对贫困地区非遗保护的支持力度，以非遗工坊建设为重点，推动非遗在乡村振兴中的作用，促进非遗在经济社会可持续发展中的发挥。

2018年6月，贵州省黔南布依族苗族自治州三都水族自治县中和镇雪花湖移民社区建成并投入使用，为 1290 户 5832 人的建档立卡贫困户提供安置。近年来，中和镇在鼓励剩余劳动力外出务工的同时，依托水族非遗"马尾绣"，采取"合作社+技能培训+手工艺人"模式，培养社区移民妇女成为"绣娘"，通过传统手工刺绣开发"指尖经济"，增加收入。

🕮 知识拓展

《尚书》中章服制度

我国古代在奴隶社会和封建社会时期，帝王和百官公卿穿着的衣服都有一定的规定，底色和花纹都是区分身份等级的标志，这种规定就称为"章服制度"。特别是在封建社会时期，"章服制度"十分完备。根据阴阳五行的迷信说法，封建统治阶级将青、赤、白、黑、黄作为"五方正色"，分别代表东、南、西、北、中央。因此，黄色成为帝王服装的主要颜色，代表中央和大地。

图3　官服　　　　　　　　　　　　　图4　官服画像

在帝王以下的百官公卿中，不同品级也有规定颜色的官服。唐朝规定三品官以上穿紫色，四品、五品穿红色，六品、七品穿绿色，八品、九品穿青色，而妇人则根据丈夫的颜色着装。宋朝基本延续了唐朝的制度。除了底色外，衣服上的各种花纹也有特定的等级规定。

中国的冠服制度最早可以追溯到夏商时期，到了周代已经相当完善，成为春秋战国时期礼仪的重要组成部分。在不同的礼仪场合，王室公卿顶冠冕弁和着裳，形式、颜色和图案都有着各自的规定。

最著名的是《尚书·益稷》中关于十二章服的记载，包括日、月、星辰、山、龙、华虫、宗彝、藻、火、粉米、黼、黻、绣等花纹，以五色彰显于五种底色的服装上。每种花纹寓意不同，如日、月、星辰寓意照临，山寓意稳重，龙寓意应变，华虫寓意文丽等。历代帝王都沿用这种服章制度，直到清帝逊位和袁世凯复辟成为帝王。

 阅读任务

图腾文化

图腾的出现标志着早期人类氏族社会的形成。它象征着氏族部落共同的起源和生命的根源，提供了对于"人从何处来？将何去何从？"等问题最具有逻辑性和理性的解答。图腾代表了早期人类的思维方式的演变，从最初的泛神灵崇拜的感性思维，逐渐转变为抽象思维的模式。尽管这种抽象思维仍然保留着具象的特征，但它不同于现代哲学和科学的抽象思维，后者更多建立在逻辑、数学和物理概念的推演之上。

图腾思维模式的具象化演化达到了中国古代哲学的高峰，如易经、阴阳五行、气、太极图等。这些传统文化符号影响着现代社会，甚至包括国旗和团体旗帜的设计。以韩国国旗为例，即使用了易经中的太极图，这一事实足以证明图腾思想的传承与影响。

中国古代哲学则是图腾思想体系的高度成熟表达。五行中的金、木、水、火、土演化为五德，与五色相对应，形成了水德、木德、金德、火德、土德等概念。中国传统文化以此展开了对思想和政治制度的推演，其核心议题在于天子的德性与天命的契合。

查阅资料，说明图腾文化与远古文明传统思想有什么联系？

章末研究

建设美丽乡村

党的十九届五中全会通过的《中共中央关于制定国民经济和社会发展第十四个五年规划和二〇三五年远景目标的建议》中指出，要把解决"三农"问题作为全党工作的重中之重，实施乡村振兴战略，走中国特色社会主义乡村振兴道路。这一道路的核心要求是实现"产业兴旺、生态宜居、乡风文明、治理有效、生活富裕"，加快推进农业农村现代化进程。

在推进乡村振兴的同时，也需要认识到中华优秀传统文化，尤其是农耕文化，是乡村振兴的"根"和"魂"。只有通过对优秀传统文化的创造性转化和创新发展，才能在中国特色社会主义乡村振兴道路上稳步前行，打造美丽乡村，实现祖国乡村的美好未来。

章末总结

请你就如何挖掘优秀文化的丰富内涵和价值，提高人们对文化的重视，展开进一步调查并将调查过程和结果作为实践报告撰写成一篇小论文。

第五章

风味美

　　贵州的崇山峻岭和纵横交错的河流、星罗棋布的湖泊、广阔的森林，给各族人民提供了丰富的饮食资源。漫山遍野的山珍野味、河鲜野蔬为贵州民族菜的发展提供了得天独厚的条件。各族人民在长期的生产实践中，创造了丰富多彩的饮食文化，调制出了许多历史悠久、加工独特、闻名遐迩的民族特色菜点。

第一节　山菜之王·贵定鲜香薇菜

阅读提醒

一、《诗经》薇菜走进现实

（一）主要产地

在我国古老的典籍《诗经》中其实记载了关于薇菜，这种植物主要生长在我国的吉林、黑龙江、四川、贵州、云南、福建、安徽等地，特别是贵定县是贵州薇菜的主要产地。如今，我们已经可以随时享受到薇菜的美味，因为可以通过人工栽种来获得。比如在贵定县猴场堡乡建立了薇菜仿生种植基地。尽管薇菜外表普通，但它却是一种营养价值极高的食材，与竹荪、香菇、木耳等素有"素中荤"之称的食物相比，同样出色。

图1　地里的薇菜

（二）薇菜的营养价值

薇菜富含蛋白质、维生

素、矿物质、膳食纤维等营养物质。每100克薇菜含有碳水化合物4.3克、蛋白质2.2克、脂肪0.19克、胡萝卜素168毫克，以及丰富的维生素C和多种矿物质。此外，薇菜还含有尖叶土杉甾酮、促蜕皮甾酮、鞣质等成分。薇菜干制品中包含19种氨基酸，粗蛋白总量高达16.22%，比猪肉还要高出3%。其营养价值是一般蔬菜的4—5倍之多。

（三）薇菜"长"成摇钱树

薇菜曾在古代享有盛名，但随着社会进步逐渐被人遗忘。然而近年来，野菜再次引起关注，这引起了人们对野菜的热情，背后所蕴含的含义是什么呢？农民常说，春日野菜色香味俱全。野菜一词听起来不那么美好，甚至被农民视为杂草。在过去，由于生活贫困，食物短缺，人们只能靠野菜填饱肚子。然而如今，农民生活水平大幅提升，不再担心吃不饱，而是关心如何吃得更营养、更美味、更健康。

1. 生活水平改变饮食需求

随着生活水平提高，现在市场上供应各种新鲜蔬菜，不受季节限制。然而，大部分是反季节蔬菜，大棚种植需要化肥和农药，残留难以清洗。这些蔬菜为了产量和效益不断优化，已失去小时候的味道。相反，野菜自然生长，纯天然无人为干预，保留着小时候的味道，唤起人们怀念，给予健康体验。

2. 思想改变饮食需求

野菜稀缺价值上涨，需求增加，但供应减少。现如今，人们不再大量种植野菜，忙于工作赚钱。采摘野菜不仅不花钱，还能增添乐趣。何乐而不为呢？

二、薇菜采摘工艺和食疗作用

（一）薇菜采摘

野生薇菜采集通常在4—5月份进行，采摘长约20厘米，顶部呈圆形或耳状，尚未展开的嫩叶适宜。采摘时应避免已展开老化的部分，但也不可采摘过小的嫩叶，因为这会影响产量并且不符合出口标准。薇菜目前主要用于干制加工，也可用盐腌。以下介绍了主要的干制方法：采摘后应立即加工，否则鲜薇菜会迅速失水、萎蔫和老化。先将水烧开，然后放入薇菜，煮沸后约 4 分钟，捞起后用冷水冷却至常温并晾晒。可以去除表皮的鳞毛，晾干后，制成的薇菜呈红褐色，称为"赤干"；水焯后若不去毛，干制品呈绿色，称为"青干"。水焯后的薇菜需及时摊开晾晒，

图 2　薇菜采摘

晾晒过程中进行 3—4 次搓揉，破坏其组织，防止晒干后纤维木质化，同时提高发胀率。根状茎的采集和加工与蕨菜相似。

（二）薇菜加工

薇菜采摘期短，摘取后易纤维化，通常制成薇菜干以便保存和运输。制作过程如下：首先按照薇菜的粗细分级整理；然后放入沸水中烫 3—5 分钟，捞出晾晒至紫红色，翻面晒干；晾至微皱无水后进行搓揉，第 1 次搓揉轻柔，晾晒20—30 分钟，再次搓揉，逐渐增加力度。反复揉搓 7 次以上使纤维软化，皮肤绒毛搓掉；至八成干时停止搓揉，晾干即可。

（三）食疗作用

食疗，又称为食治，是一种利用食物的特性来调节机体功能，达到健康和预防疾病的方法，常在中医理论指导下实施。食疗所使用的食材通常是我们日常生活中常见的，通过准确的搭配和精心的制作来发挥其天然功效。长期坚持食疗有助于激发人体自我痊愈的能力，从而实现内外兼修的自然健康。

中医早在先秦时期就认识到食物不仅能提供营养，还具有治疗疾病的功效。张锡纯在《医学衷中参西录》中指出，食物不仅可以治病，还能满足饥饿。

在先秦时期，饮食疗法就受到了重视，并且已经有了相当丰富的理论知识。《周礼·天官冢宰》中记载了医学的不同分科，其中包括食医、疾医、疡医、兽医等，其中食医负责管理各种食物、饮料、膳食、佳肴、调味品等，可见食医

类似于现代的营养医生，其在当时已经形成了一定的体系。

三、贵定薇菜交易市场

每年 2 至 6 月，湖北、安徽、黑龙江、吉林、辽宁等地的 30 多家公司及上万名客商聚集在贵定县城，进行薇菜交易。经过 10 多年的发展，贵定薇菜市场的交易量已从最初不足 10 吨增长到接近 600 吨，成为全国最大的薇菜交易市场。

（一）客商云集

薇菜被称为纯天然保健食品，是出口国外未受贸易壁垒限制的安全食品，被国家定为特种出口蔬菜。薇菜主要产于江西、贵州、四川、云南及东北部分山区。贵定县薇菜资源丰富，品质优良，年产量达 20 多吨，在周边地区年产量可达 200 多吨，为贵定县带来了发

图 3 晒干的薇菜

展机遇。特别是 2000 年，贵定县受益于贵新高等级公路通车后，吸引了众多商家的目光，如湖北长友食品公司等。据省农科院蔬菜研究所介绍，全国薇菜总产量约 2000 吨，贵定县的交易量接近 600 吨，已成为全国最大的薇菜交易市场，超过了其他地区。

（二）政府提供宽松环境

薇菜交易在贵定急剧扩大，引起县政府的关注。2003 年 4 月，该县政府对薇菜交易市场进行清理整顿，规范市场行为，打击违规行为，为客商提供优质服务、安全环境和低成本的交易场所，专门设立了投诉举报专线。

（三）人流带来经济繁荣

每年薇菜上市季节，外地客商纷纷涌入贵定县城。据统计，有 32 家大户前来收购薇菜。湖北长友现代农业公司的李维平表示，他们公司带来了 300 多名薇

菜经纪人，其他公司带来的人数约为 2000 人，这些人在贵定作为基地，在贵州、云南、四川、重庆、广西和湖南等地活动，带动当地 1 万多人参与薇菜收购工作。这些人往返贵定，人流量集中在此，不仅带来经济效益，也促进了运输、餐饮、娱乐、旅游等服务业和其他产业的发展。

植物在古诗词中的内涵

传统文学中植物无所不在。无论是山水田园诗还是边塞征战诗，在诗歌的各种形式中都可以找到植物的影子。通过重新界定诗歌，可以按照植物的出现与否对其进行分类。许多诗歌将植物或植物的某一部分作为意象，因此可以根据植物诗词的概念重新对诗歌进行分类和分析。

比如在送别诗、写景诗、咏物诗、怀古诗、行旅诗、思乡诗、闺怨诗、咏事诗、边塞诗等分类中，有很多诗歌使用植物作为意象。确定诗歌是否属于植物诗词可以简单地根据植物或其器官的出现与否进行判断。然后，可以根据不同特性对其进行进一步细分。

按照这样的思路，可以对植物诗词进行不同的解读和分类。例如，根据家国情怀、报国之志，可以分析《小雅·采薇》中的"采薇采薇，薇亦柔止。曰归曰归，心亦忧止"；高适的《塞上听吹笛》中的梅花；文天祥的《金陵驿》中的芦花；杜甫的《春望》中的"草木"；辛弃疾的《永遇乐·京口北固亭怀古》中的"草树"。

此外，还可以根据心系苍生、关怀百姓，分析白居易的《观刈麦》中的小麦；李绅的《悯农二首》中的"粟""禾"；郑板桥的《潍县署中画竹呈年伯包大丞括》中的竹子；杜荀鹤的《山中寡妇》中的植物。

植物与文化的联系并非现代人的创新，但需要现代人不断进行创新。根据地域特色和教学需求，各地学校可以列举不同分类，从经典诗词中挖掘整理植物诗词，以提高民族文化的自信心。

第五章 风味美

📖 阅读任务

《小雅·采薇》节选

采薇采薇，薇亦作止。曰归曰归，岁亦莫止。

靡室靡家，猃狁之故。不遑启居，猃狁之故。

采薇采薇，薇亦柔止。曰归曰归，心亦忧止。

忧心烈烈，载饥载渴。我戍未定，靡使归聘。

采薇采薇，薇亦刚止。曰归曰归，岁亦阳止。

王事靡盬，不遑启处。忧心孔疚，我行不来！

　　《小雅·采薇》是中国古代第一部诗歌总集《诗经》中的一首描写从军将士生活艰辛和思乡情感的诗歌。全诗共六章，每章八句，前五章描述了戍边征战的辛苦和思念家乡的心情，展现了士兵的痛苦和渴望和平的心愿；末章以抒情的方式结束全诗，令人感动。这首诗运用了重叠的句式和比喻的手法，充分展现了《诗经》的艺术魅力。末章的前四句描绘了出征和生还时的景象，情感深沉，是备受称赞的经典之作。

　　阅读上述资料，试着说明薇菜在诗中体现出了戍边战士什么样的精神，并谈谈对你现在的学习生活有什么启示。

第二节　佳肴美馔·福泉肥硕香梨

📖 **阅读提醒**

一、福泉梨香携蜜露，便胜却人间无数

（一）特定生产方式

1. 园地选择

福泉梨的生态适应性强，对不同类型的土壤都有一定的耐受性。它可以在砂土、壤土和黏土中生长，因此在选择种植地点时，可以根据实际情况选择合适的土壤类型。理想的土壤pH值在 5.5 到 6.5 之间，但 pH 值在 5 到 8.5 范围内都可以生长，只是在 5.5 到 6.5 之间生长效果最佳。

考虑到福泉梨属于深根性果树，它的根系具有较强的水平伸展力，因此在土壤质地较为瘠薄的园地中种植时，最好先进行壕沟改土或者进行大穴定植。这样可以为树木提供更好的

图 1　香梨泡水

第五章　风味美

115

生长环境，从而获得最佳的产量和品质。

在选择种植地点时，福泉梨可以适应不同的地势，包括山地、平地或丘陵地带，因此在这些地形上都可以进行种植。综合考虑土壤类型、土壤 pH 值以及地势等因素，可以选择最适合种植福泉梨的地点，以获得最佳的生长效果和产量。

2. 品种选择

梨园要求苗木整齐健壮，根系发达，品种纯正。优质苗木标准包括：苗高1.4 米以上，离接口 10 厘米处粗 1 厘米以上，芽眼充实饱满，侧根至少有 4 个，粗度不低于 0.5 厘米。不可选用不充实的肥胖苗、细弱苗、直根苗、伤口苗和杂品种苗。

（二）自然生态环境和人文历史因素

福泉市位于贵州省中部，地形以西北高东南低为特点，内有 18 座超过 1500米的山峰，最高点黄龙山 1715.8 米，最低点海拔 614 米。平均海拔为 1098 米。地势主要为山地和丘陵，土壤以酸性黄壤为主。四季特征为春季多变，夏季热，秋季雨多，冬季不太冷。

（三）福泉香梨特点

福泉梨以其优质而著称，果实大小适宜，皮薄肉脆，味道甜美。主要种植的有早熟的如六月雪、翠冠和园黄，以及晚熟但高产优质的如秋锦和秋黄品种。这种梨比苹果更能适应不同环境条件，包括抗寒、干旱、水涝和盐碱。在冬季最低温度超过-25 度的区域，大部分品种能安全过冬。福泉梨喜欢阳光和温暖，最适合在土壤深、排水好的缓坡山地，特别是砂质土壤中种植。梨具备

图 2 福泉香梨

生津止渴、润燥、清热解毒、化痰解酒等功效，适用于治疗干咳、口渴、便秘等由热病伤阴或阴虚引起的症状，以及烦渴、咳喘、痰黄等由内热引起的问题。梨还能润喉降火，对于需要保护嗓音的播音员和歌手来说，常吃煮熟的梨能帮助增加口腔津液，保护嗓子。

二、福泉香梨筑梦脱贫

（一）香梨与福泉

福泉以其日照充足、土地肥沃的优势，被誉为"水果之乡"，梨、桃、桔、葡萄、中华猕猴桃等农作物在这里生长茂盛，其中"高原福梨"更是引人瞩目。自 1998 年起，"福泉梨"就备受推崇，并在 2000 年注册商标，被誉为贵州省优质农产品。近年来，福泉市梨产业蓬勃发展，市政府不断加大对梨产业的投入，新建梨园、冷链物流设施，扶持梨膏等深加工企业，促进了一、二、三产业融合发展。目前，"福泉梨"产地已遍布全市 8 个乡镇（街道），产品畅销国内外，享有盛誉。

（二）种梨脱贫

双谷村位于黔南州，是该地区最大的水果生产基地，目前种植梨树 13000 多亩，其中培育的"金谷福梨"以个大、皮薄、肉厚、汁多、渣少、香脆、可口而闻名，备受游客和果商青睐。双谷村的"万亩梨园"因此荣获"贵州省优质农产品"和"国家地理标志产品"称号。梨园春季盛开的景象吸引了大量游客前来欣赏，为当地带来了经济收益。

村委会抓住这一机遇，发展了农家乐业务，让游客不仅能品尝到美味的水果，还能享受农家乐的乐趣。"绿水青山就是金山银山"的理念指引下，双谷村在保护环境的同时，不断寻求利用果园资源的新途径。

双谷村因其发展成就荣获多项荣誉，包括全国农业旅游示范村、国家 AAA 级风景区、全国一村一品示范村等称号。村庄还成功举办了多届"梨花节"和山地自行车锦标赛等活动，初步形成了集观光采摘、乡村休闲、全民健身等为一体的农业生态旅游景区。

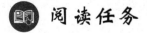 **知识拓展**

描写梨的惊艳诗词

浣溪沙·几共查梨到雪霜
苏　轼

几共查梨到雪霜，一经题品便生光，木奴何处避雌黄。

北客有来初未识，南金无价喜新尝，含滋嚼句齿牙香。

东栏梨花
苏　轼

梨花淡白柳深青，柳絮飞时花满城。

惆怅东栏一株雪，人生看得几清明。

咏画梨花
康　熙

最爱梨花白，又惜同春老。

惟此画图中，冬夏长美好。

不令风雨摧，且无蜂蝶娆。

靓妆伴月容，尽在纸间造。

恶紫嫌夺朱，素体物难搅。

三品运胸中，六法生卉草。

阅读任务

雪梨的滋味

不知道为什么，所有的水果里，我最喜欢的是梨；梨不管在什么时间，总是给我一种凄清的感觉。我住处附近的通化街，有一条卖水果的街，走过去，在水银灯下，梨总是洁白地从摊位中跳脱出来，好像不是属于摊子里的水果。

总是记得我第一次吃水梨的情况。

在乡下长大的孩子，水果四季不缺，可是像水梨和苹果却无缘会面，只在梦里出现。我第一次吃水梨是在一位亲戚家里，亲戚刚从外国回来，带回一箱名贵的水梨，一再强调它是多么不易的横越千山万水来到。我抱着水梨就坐在客厅的角落吃了起来，因为觉得是那么珍贵的水果，就一口口细细地咀嚼着，没想到吃不到一半，水梨就变黄了，我站起来，告诉亲戚："这水梨坏了。"

"怎么会呢?"亲戚的孩子惊奇着。

"你看，它全变黄了。"我说。

亲戚虽一再强调，梨削了一定要一口气吃完，否则就会变黄的，但是不管他说什么，我总不肯再吃，虽然水梨的滋味是那么鲜美，我的倔强把大人都弄得很尴尬，最后亲戚笑着说："这孩子还是第一次吃梨呢!"

后来我才知道，梨的变黄是因为氧化作用，私心里对大人们感到歉意，却也来不及补救了。从此我一看到梨，就想起童年吃梨时令人脸红的往事，也从此特别地喜欢吃梨，好像在为着补偿什么。

阅读并理解上述文章，回答下列问题：

1. 文章用"雪梨的滋味"为题，有何作用?

2. 在作者笔下，梨已经不是一种普通的水果。请简要概括作者与梨之间的经历及品尝到的丰富滋味。

3. 说说下面句子中加引号词语的表达作用。

（1）这些情绪在吃水梨时，就像梨汁一样，"满溢"了出来。

（2）因为在那透明的汁液里，我们总喝到了"似断还未断"的乡愁。

4. 文中写爸爸讲雪梨的故事一段是否离题? 为什么?

5. 揣摩文章最后一段在内容和结构上起着什么作用?

第三节　芳香四溢·瓮安碧筠粽

 阅读提醒

一、碱水稻草灰汤粽

（一）灰粽的奇特之处

在贵州的大山深处，有一种独特的粽子叫做"灰粽"，它是布依族传统的美食之一。这种粽子的特色在于它灰头土脸的外表，但这并不是因为刻意追求与众不同，而是因为它含有一种天然可食用的植物，在烧成灰后拌入糯米中制成。这种灰粽不

图1　瓮安碧筠粽

仅具有清香的味道，而且据说对消化有促进和改善的作用。它通常以咸味为主，如猪肉粽、排骨粽、腊肉粽、腊肠粽等，但口味变化并不大，因为大多采用了生态的植物原料和动植物加工品制作。在端午节，贵州人们享用着这种别具特色的粽子，品尝着传统与美食的结合。

（二）糯稻秆入粽

灰粽之所以灰色，是因为加入了稻草灰。这种稻草灰具有特殊的功能，不仅能够赋予米粽清香的味道，还能使米粽呈现出金黄的颜色，看起来很美观。煮的时候要用慢火熬煮约两个小时左右才能完成。这样制作出来的米粽口感顺滑爽口，不黏腻，十分有嚼劲。吃起来会带着清香和糯米的味道。而且由于稻草灰具有抑制真菌生长的功能，因此灰粽的保鲜时间也会比较长。此外，糯稻秆是禾本科一年生草本植物稻（糯稻）的茎叶。它性凉味甘，有清热利湿、活血化瘀的功效。因此，灰粽不仅是美食，也具有一定的食疗作用。

（三）其余稻草灰美食——稻草灰凉粉

在云南和贵州的一些山区，农民们早已知道稻草灰在美食中的独特作用。他们会先采集某种树叶，将其捣碎。然后他们会点燃稻秸秆，浸泡一段时间后用纱布过滤，得到一种清水。接着，他们将捣碎的树叶汁与稻草灰混合，经过一段时间后，稻草灰与树叶汁凝固成绿色凉粉，看起来十分诱人，吃起来也非常美味。

二、寻粽源

（一）屈原投江与粽子来源

在公元前278年的农历五月初五，爱国诗人屈原得知秦军攻破楚国都城的消息后，感到愤怒和悲伤，他深知无力挽回局势，但仍然怀着报国的心志。于是，他做出了用死来表明决心的决定，写下了生命中的最后一首诗《怀沙》，然后抱着一块巨石跳入汨罗江，以身殉国。

当地的百姓得知屈大夫的自杀后纷纷前往江边，用船只竞相赶去打捞他的尸体，并在江边烧香超度，以免鱼虾侵蚀他的遗体。一位老医师倒入一坛雄黄酒到江里，据说是为了药晕蛟龙水兽，以保护屈大夫的尸体。百姓们还纷纷将米粮投入江中，希望鱼虾吃饱了这些米粮，就不会碰屈大夫的尸体。

传说屈大夫在死后曾托梦给百姓，告诉他们说，米粮被蛟龙所吞食，但如果用艾叶包裹并绑上五色绳，就可以免遭蛟龙吞食。于是，人们开始包裹米粮制成粽子，以免被蛟龙吞食，这就是后来的传统。自此以后，每年的五月初五，人们就会举行龙舟竞渡、吃粽子、喝雄黄酒的活动，以纪念爱国诗人屈原。这一传统至今已有两千多年的历史。

（二）书寻屈原阅《离骚》

在战国时期，诗人屈原创作了一首名为《离骚》的诗，是中国古代最长的抒情诗之一。这首诗主要描述了诗人自己的遭遇和心情，表达了他对楚国命运和人民生活的关心，以及对政治革新和坚持理想的渴望。诗人热爱国家和人民，坚持不与邪恶势力妥协，在诗中运用了美人香草的比喻、神话传说和丰富的想象，形成了绚烂的文采和宏伟的结构。

《离骚》展现了积极的浪漫主义精神，开创了中国文学史上的"骚体"诗歌形式，对后世产生了深远的影响。

（三）粽香端午·祈福辟邪

端午节是我国民间非常盛行的一个传统节日，自古以来就有过端午节的习俗。因为地域广阔，加上许多传说故事，端午节的名称和习俗各地有所不同。在这个节日里，最重要的礼俗主题是龙升天，人们会通过划龙舟来祭龙，这个习俗在南方沿海地区至今仍然盛行。根据阴阳术数和季节时令，端午节也衍生出了一系列习俗，因为午时是至阳之时，端午日午时正好是极阳之时，被视为最能辟阴邪的时刻。

夏季是一个驱除疫病的时节，仲夏端午阳气旺盛，万物生长旺盛，草药的药性也最强。因此，在端午这一天采集的草药具有最强的祛病防疫功效。由于端午日天地纯阳正气最盛，许多端午习俗都带有辟邪和祛病防疫的主题，比如挂艾草、用午时水浸泡、浸龙舟水、绑五色丝线辟邪，以及洗草药水、熏苍术祛病防疫等等。

三、把灰粽搬上国际餐桌

（一）工业设施促进粽业发展

近年来，随着端午节的临近，粽子作为传统节令食品，开始变得异常繁荣。一些手工制作粽子的专业加工厂，订单络绎不绝。现在，粽子的生产已经实现了工业化和规模化，以满足粽子旺季的市场需求。然而，裹粽的过程仍然主要依赖手工包裹。虽然手工裹粽保留了传统工艺，保持了粽子的传统风味和口感，但粽子的机械化生产已成为不可逆转的趋势。

（二）粽子出国之路

粽子不仅仅是一种美食，还蕴含着中华传统文化和每个人对家乡的思念。在海关的支持下，粽子得以走出国门，传播到山外和海外，让世界各地的朋友也能品尝到这份具有中国特色的美味。想要让粽子出口，企业首先需要在海关监管下完成出口食品企业备案，这是通往国际市场的第一步。

接着，企业需要严格管理原料的采购和验收环节，确保国产原料中的动植物源性原料符合海关要求。只有符合海关的管理标准，粽子的出口申请才会被批准。每个粽子都有独特的编号，以确保品质符合标准。随着工艺的精益求精和管理的严格规范，中国的粽子也能走向世界，让更多人品尝到这份传统美味。

📖 知识拓展

关于粽子的谜语

山里的壳，田史的肉。穿着衣服洗澡，脱下衣服吃肉。（打一物）

绿衣裹身上，珍珠史面藏，要想得珍珠，解带趴衣裳。（打一食物）

四角尖尖，中央围腰。相牵相伴落水死，起来脱衣裳。（打一食物）

两片绿叶把米装，小端一综真浸亮。（打一节日食品）

古怪古怪真古怪，哪个想吃解腰带。（打一食物）

四角四丁香，插落河中夫。河里翻跟斗，爬起脱衣裳。（打一食物）

一只牛头四只角，糖植筷酸。（打一食物）

金枝玉叶山上飘，流落人间冷水浇，仅仅为了一把米，被人缔索捆在腰。（打一食物）

四角尖尖草束腰，热水锅中走一遭，台前遇着唐三藏，上岸剩得赤条条。（打一传统食品）

生在青山青朵朵，爬岩爬坎去找我，找我回家吃饱饭，拿牒草草拴住我。（打一食物）

她是田家女，穿的竹家衣。下水去洗濑，上岸才脱衣。（打一食物）

壳生在山里，肉长在田里。统停在股里，最后扔水里。（打一食物）

珍珠白姑娘，许配竹叶部。穿衣去洗澡，脱衣上牙床。（打一节日食品）

三角四楞长，珍珠里面藏。想尝珍珠味。解带剽衣裳。（打一传统食物）

小米成点心，需乞求二字。（打一节日习俗）

表夏十首

（唐代）元稹

夏风多暖暖，树木有繁阴。新笋紫长短，早樱红浅深。

烟花云幕重，榴艳朝景侵。华实各自好，讵云芳意沉。

初日满阶前，轻风动帘影。旬时得休浣，高卧阅清景。

僮儿拂巾箱，鸦轧深林井。心到物自闲，何劳远箕颍。

江瘴炎夏早，蒸腾信难度。今宵好风月，独此荒庭趣。

露叶倾暗光，流星委馀素。但恐清夜徂，讵悲朝景暮。

孟月夏犹浅，奇云未成峰。度霞红漠漠，压浪白溶溶。

玉委有余润，飙驰无去踪。何如捧云雨，喷毒随蛟龙。

流芳递炎景，繁英尽寥落。公署香满庭，晴霞覆阑药。

裁红起高焰，缀绿排新萼。凭此遣幽怀，非言念将谑。

红丝散芳树，旋转光风急。烟泛被笼香，露浓妆面湿。

佳人不在此，恨望阶前立。忽厌夏景长，今春行已及。

百舌渐吞声，黄莺正娇小。云鸿方警夜，笼鸡巳鸣晓。

当时客自适，运去谁能矫。莫厌夏虫多，蜩螗定相扰。

翩翩帘外燕，戢戢巢内雏。唼食筋力尽，毛衣成紫襦。

朝来各飞去，雄雌梁上呼。养子将备老，恶儿那胜无。

西山夏雪消，江势东南泻。风波高若天，滟滪低于马。

正被黄牛旋，难期白帝下。我在平地行，翻忧济川者。

灵均死波后，是节常浴兰。彩缕碧筠粽，香粳白玉团。

逝者良自苦，今人反为欢。哀哉徇名士，没命求所难。

翻译上述诗句，并说明"彩缕碧筠粽，香粳白玉团"这句诗描写了什么节日？

第四节　八珍玉食·都匀彩色糯米饭

 阅读提醒

一、喜看稻菽千重浪

布依人的五色花米饭是一种特色美食，不仅色彩缤纷，而且味道悠远。通常有红、紫、黑、白、黄等几种颜色，被称为"五色花米饭"，有时也会只用红、黄、白三种颜色，称为"三色花米饭"。

图 1　糯米稻田

在每年的秋后，布依人会挑选上等的糯米，单独保存，用于制作花饭。到了次年的三月三民族传统节日，他们会去山上或房前屋后采集可食用的野生植物，将这些植物的根、茎、花、叶分别捣碎，提取出红、黄、蓝三种色素，再通过调配这三种颜色来制作黑、紫两种颜色的花饭。

图 2　彩色糯米

白色是米的原色，红、大红、紫三色是用一种名为"姐妹饭叶"的植物的色汁浸泡而成，颜色的深浅取决于叶子的浓度；黄色是用一种名为"黄米饭花"的植物花籽浸泡而成，黑色则是用麦秆类植物烧后浸泡水中，再滤去灰渣后得到的色汁；紫黑色则是用枫香树叶子的汁液浸泡而成。

经过浸泡后的糯米分别放入五个小瓦盆中，加入五种色汁搅拌均匀，待糯米完全浸透后，将其淘洗于多依河边。多依河畔淘花米饭的布依少女们是这条女儿河上最美的风景。淘洗完成后，将五色糯米混合在一起，放入甑子中蒸熟，最后倒入簸箕内晾干。这样制作出来的五色花饭色彩艳丽，清香可口，可冷食，也可蒸热食用。爱吃甜食的人还可以加上一些蜂蜜，更香甜可口。

二、牛魂节表谢意

神农氏是农耕时代的代表，他的发明和贡献对远古社会的农业发展起到了关键作用。根据文献记载，神农氏教导人们耕种农作物，并发明了牛耕技术。在各地的民间传说中，也有关于炎帝制服野牛犁地的传说，以及牛王下凡劳动耕作的故事。

图3　牛魂节现场

在一些地方的民间传统中，人们会在特定的日子里为牛王或耕牛祭祀和表达敬意。例如，布依族会准备多色糯米饭，用枫香树叶给牛洗澡；瑶族则会煮甜饭祝福小牛苗壮成长；土家族、仫佬族等也会在特定节日里照顾好耕牛，以表达对它们辛勤劳作的感激和敬意。

这些节日习俗传承着对祖先和牛王的敬仰，也体现了人与自然、动物之间和谐相处的理念。祭祀活动不仅是对传统文化的传承，也是对劳动、耕作和自然界的尊重和感恩之情的表达。

三、扬民俗之风传中华文化

（一）团结的民族，勤俭的民族

布依族是中国西南部的一个重要少数民族，其语言属于汉藏语系壮侗语族壮傣语支，与壮语有着密切的关联。他们的文化和生活方式深受农耕文化的影响，以种植水稻为主，因而被称为"水稻民族"。

布依族的祖先可以追溯到古代的僚人，其文化历史悠久。主要分布在贵州、云南、四川等地，其中以贵州省的布依族人口最多，占了全国布依族人口的绝大多数。他们主要聚居在黔南和黔西南两个布依族苗族自治州，以及安顺市、贵阳市、六盘水市等地，同时也有一部分布依族人散居在其他地区，甚至在越南也能找到他们的身影。

布依族的文化传统丰富多彩，包括独特的民族服饰、建筑风格、传统节日等。他们对水稻的种植和生活方式有着深厚的感情，水稻文化也贯穿着他们的日常生活和传统习俗中。在布依族的文化中，还有丰富多彩的民歌舞蹈、手工艺品等，展现出了他们特有的艺术风格和生活情趣。

布依族的文化传统在现代社会得到了传承和发展，同时也受到了现代化的影响和挑战。然而，他们对自己文化的保护和传承依然是非常重视的，这种文化自信和自觉也为他们在多元文化的社会中找到了自己的定位。

（二）悠悠大国，文化浩荡

民族文化对一个国家的意义非常重大，它代表了一个民族的传统、历史和价值观念。在中国这样一个历史悠久的国家，民族文化所蕴含的思想、道德和艺术，对于民族的自我认同和内心世界的建构起着重要作用。虽然在现代社会，传统民族文化可能会受到挑战和冲击，但它仍然是我们民族的瑰宝，应该珍惜和传承。

古代的民族文化在封建社会起到了巩固国家秩序的作用，而现代社会中，民族文化的精华部分则有助于培育民族的优秀品质和精神风貌。民族文化中蕴含的哲学意识、道德观念和艺术见解，为民族建设和精神文明提供了宝贵的资源和支持。

在当代，随着文化全球化的浪潮，传统民族文化面临着挑战和改变，需要在保持传统文化特色的同时，与时俱进，进行创新和发展。重视民族文化的传承和发展，有助于民族自信心的提升，也有助于建设一个更加和谐、多元的社会。因此，保护和传承民族文化，不仅是对民族传统的尊重，更是对民族精神世界的珍视和传承。

知识拓展

糯米饮食文化圈

中国的水稻栽培起源于长江流域约一万年前，而约四五千年前已经开始向北进入黄河流域。水稻文化在中国古代文献中也有所记载，例如《诗经》中有关丰收和稻作的诗句，以及古籍中对稻的描述。需要指出的是，古代文献中所称的"稻"主要指糯稻米，而非现代常见的非糯的籼稻或粳稻。

随着历史的演进，黄河流域的气候逐渐向干旱化方向发展，导致水稻种植面积逐渐缩小，旱地小麦取代了水稻的地位。这也导致了北方人在过年时以包饺子为主，而元宵节则保留了吃汤圆的传统。南方的稻作农业在唐朝以后逐渐兴盛，成为南方经济的重要支柱，而唐朝及其后的王朝都依赖运河运输南方产的大米到长安、洛阳等地。

唐朝时期，南北稻麦消费出现了转折，南方稻作农业日益繁荣，赶超了北方。唐玄宗时期的文献中，关于稻麦的诗歌数量众多，反映了当时稻麦文化的繁荣。南宋时期，临安（今杭州）的糯米点心种类丰富多样，包括了丰糖糕、乳糕、镜面糕、重阳糕等多种。这些历史记录反映了中国水稻文化在不同历史时期的发展和变迁，以及南北方稻麦消费习惯的差异。

阅读任务

如何形容糯米

1. 友谊如糯米，我们共同酿造，酿成一坛坛醇香的琼浆。

2. 汨罗江诉说着神奇的故事，苇叶糯米融入无限的敬意，龙舟承载着古老的传说，端午节日蕴含民族的品格。祝你生活甜蜜！端午节快乐！端午节祝福语。

3. 糯米是黏黏的思念，粽叶是清凉的装束，龙舟是吉祥的快递，香囊是快乐的包裹，端午炎热的天气，已被欢乐屏蔽，你当然乐不思"暑"。

4. 一粒粒糯米粘又粘，黏住友情亿万年；一颗颗红枣甜又甜，幸福生活一天天；一片片粽叶大又大，包裹快乐和思念；一个个粽子香又香，问候传送千里远。

5. 黏黏的糯米黏住一生的快乐，香香的馅儿吃出一生的甜蜜，咬出明日希望，咽下万种柔情，从此无灾无病，团圆美满乐在其中！

上面的话都是用作形容糯米的，请总结其写作手法的规律，分析其中的共同点，并挑选其中一句谈谈你有何理解。

📖 **章末探究**

地方特色小吃如何更好走向市场

地方特色小吃如何更好走向市场？电商、物流、保鲜、加工技术的不断进步，政府政策的大力支持为地方美食打破原有区域桎梏，创造优越的条件。

近年来，地方美食竞相争艳，不断迎合消费者口味和需求，不断创新升级，以品牌之名，抢滩出圈。

各地美食纷纷走向全国，各具特色，走进大众视野，登上人们的餐桌，背后是怎样的故事？地方美食何以频频出圈？

1. 干饭人见多"吃"广，"审美味"升级

作为当前消费主力的年轻人，他们的视野开阔、见多识广，国内旅行变得更加便捷，对各地地方美食有更深入的了解。随着消费能力、消费需求和审美水平的提高，年轻消费者对美食体验有着更高的期待。

通过直播带货，以及朋友们的推荐，我们可以在家中就能探索世界各地的美食。

各种心理因素如"尝鲜、从众、悦己"等，促使年轻人在美食方面投入更多精力和预算。

图1 各种民间美食

2. 技术进步，"让小龙虾保鲜一年半不是事儿"

工业化生产能力的提升为地方美食走向更远、获得更多人的喜爱提供了坚

实基础。保鲜、包装、冷链技术的进步使食品产品标准统一，便于长距离运输、长时间保存。

海鲜、奶制品、禽肉制品等美食产品通过锁鲜工艺和包装技术可以保持鲜美不减。羊肉泡馍等特色美食也能够通过现代技术让更多人享用。

技术的加持使美食产业链更成熟，地方美食在全国范围内的标准化更为突出，品牌形象和认知度得到提升。例如柳州螺蛳粉在生产和配送上已形成完整、成熟的产业链，产品远销海外，创造大量就业岗位。

3. 政府及政策的支持，促进美食产业链发展

当地政府在重视美食作为地区文化和产业推广名片的作用和价值时，投入了充足的政策资源。以柳州市政府在螺蛳粉产业扶持方面为例，他们制定了"螺蛳粉进京项目"，鼓励螺蛳粉餐饮商家走出柳州、广西，拓展更多消费市场。此外，还包括螺蛳粉地方标准的发布、相关产业园的建设、地理标志商标的核准注册、设立"双百亿"目标以及成立螺蛳粉产业学院等举措。这些政策支持为柳州搭建了完整的"产、学、研"产业链。

美食产业是一个重要的产业，也关乎民生。在数字化时代，地方美食走向产业链化和更标准市场化，需要创业者的参与、品牌的创新以及投资人的助力。这些因素都在推动地方美食产业的发展，让其更加具有竞争力和吸引力。

📖 章末总结

查阅资料，根据小吃的发展历史和参考当下出名小吃"出圈"方式，总结出小吃出圈和消费者以及消费方式之间的关系，并说明如何让本地小吃更好走向市场。

第六章

发 展 美

　　黔南州拥有不断发展进步的新农村中国著名天文学家南仁东为总设计师建造的大国重器平塘天眼，蕴含大国工匠精神的平塘大桥，富有黔南特色的福泉乡村，赤诚依旧福泉退役军人创业园，富含布依族文化的惠水城，助力乡村振兴的黔南农科所育种基地，罗甸怀隧道，寄存着人们对诗和远方深切向往的山村艺术国度洪河文化艺术村。

第一节　日新月异·贵定新农村

 阅读提醒

一、走进乡村看小康

（一）星溪村

农村治理是实现乡村复兴的关键环节，贵定县沿山镇的星溪村晓寨便是一个杰出例子。早在 20 世纪 80 年代，这里的村级自治已初步形成，且该自治体制历经多年发展，在推动乡村发展的过程中展现了极佳的示范作用。2021 年 7

图 1　星溪村一景

月，晓寨村被选为贵州省的田园乡村振兴集成示范点的首批试点之一。

在过去三十年中，星溪村的自治模式已经扩展到附近的 24 个村民小组，并孕育了许多有效的基层治理实践，其中"群众三会"工作法便源于此地。2018年，星溪村被定为全国农村社区治理的实验区；到了 2020 年，该村又被选为市域社会治理的示范点；2021 年 7 月，星溪再次被纳入全省 50 个田园乡村振兴试点之一。

目前，星溪村通过村两委、村管会以及乡贤的共同努力，正积极推动居民参与村庄美化、厕所改造和其他一系列生活环境提升项目。这些措施都旨在建设一个既美丽又富裕，具有现代农业特色的田园乡村示范村。

图2 星溪村村委大会

（二）贵定昌明镇

农户们终于告别了饮水不便的烦恼，因为自来水已经流进了他们的家中；狭窄崎岖的泥巴路被宽阔的水泥路所取代，让行走变得更加便捷；而曾经低矮土坯房的屋顶如今被整齐漂亮的砖瓦覆盖，让整个村庄焕然一新。自从2014年贵定县政府开始对昌明镇开展精准扶贫定点帮扶以来，这些

图3 昌明镇一景

原本偏远的小山村在不知不觉中焕然一新，那些房屋漏雨、泥泞道路、交通不便的景象已经成为过去。

帮扶之心，静静地滋润着每一个角落。贵定县政府的工作人员不畏秋雨，踏着细雨，深入到村民家中，给予他们温暖和关怀。昌明镇的驻村工作人员也展现出最高的热情和最有力的行动，竭尽全力解决群众的困难，全心全意为他们办实事、谋发展。通过不懈的努力和申请，他们成功争取到了扩建约500平方米活动广场的项目，让村民们可以在广场上尽情跳广场舞、扭扭秧歌，享受美好的生活。

二、乡村振兴有贵定

(一) 新场村多项举措打造宜居乡村

为了不断提升居民生活品质并建设一个生态友好的新农村，宝山街道新场村积极发挥基层党组织的领导核心作用，加快推进舒适宜居的乡村环境，力求在乡村振兴的道路上取得新的突破。

新场村采取"增强村庄清洁，推动乡村振兴"作为工作主题，聚焦解决村庄"脏、乱、差"等明显问题，积极构建宜居乡村。村"两委"多次组织开展了超过10场的专题讨论，并采取了有效的行动措施，逐步确保村庄环境的清洁、整洁与有序，有效支撑乡村振兴。

根据实际需求，新场村完善并公布了《村规民约》，并通过村委会设立了常规的环境卫生管理体制。设有专职人员定期进行监督与检查，确保对村民垃圾乱堆乱放的行为进行及时发现和矫正。

在实施策略上，新场村采用"以点带面、示范带动"的

图4　村"两委"人员打扫新场村街道

方法，选取沙坝组作为示范点，引领并推动新场村其他各组同步进行环境卫生整治，逐渐提高村民的参与热情，专注解决关键和难点问题。今年以来，新场村已经整治了20多个农户乱堆乱放的点，并举办了10次院坝会议和宣讲会。

这些措施的有效执行显著推动了乡村宜居环境的建设，为乡村振兴的持续进程增添了力量。

(二) 紧抓党建引领"牛鼻子"打好乡村振兴"组合拳"

在推动乡村振兴战略中，党的建设起着核心作用。要高标准推进乡村的活力发展，关键在于把握好农村党建这个"关键点"。今年，贵定县根据自身条件，牢牢掌握党建的领导"关键点"，展开了全面的乡村振兴"多方位攻势"。

为了加强"领导骨干",提升乡村振兴的动力源泉,积极安排村干部通过"参观学习"和"微信互动"等"互联网+传统"途径掌握乡村振兴的相关知识和技能,确保学习成为常规活动,不断增强他们带领村民致富和服务公众的能力。

加强"组织架构",确立乡村振兴的"战略高地"。在党建的带领下,南平村进一步将村党组织打造为团结带领村民发展经济、提升文化、建设社会主义新农村的坚强阵地,全面支撑乡村振兴的总体布局。

激发"增收旋律",产业发展处于核心位置。自 2022 年起,南平村大力推动油桐项目的发展,实行"公司+合作社+农户+村集体"的合作模式,通过出租未利用土地获取租金,依照合作社、农户、村集体 7:2:1 的比例进行收益分配。

贵定县政府持续运用政治引领的动力、人才驱动和经验导向,构建乡村振兴中党建引领的"强大支柱",推动乡村振兴的高质量发展,努力创造村民群众宜居、舒适和富裕的优质生活。

三、奋斗百年路启航新征程

(一)打造美丽乡村升级版

贵定县依托其自然资源的优势和交通地理的便利,采取了"大专项+目标任务"管理模式,推动涉及产业、人才、文化、生态和组织振兴的五大专项计划。这为全县的乡村振兴工作提供了明确的行动指南和强劲的动力。

接下来的五年中,贵定县将专注于实施"现代山地特色高效农业"项目,通过高标准农田建设改造,粮食安全示范基地和规模化基地的建设,来持续促进乡村产业的发展。同时,改进农业生产和销售模式,致力于农业和农村的现代化进程。

在乡村建设方面,贵定县将努力提升农村基础设施,实现公共服务设施的优化,并有效利用现有土地资源,以支持生态旅游和生态农业的发展。

生态建设也是重点工作之一,县级将推进生态循环农业发展,改善农村生产和生活环境,并弘扬绿色生产和生活方式。

此外，贵定县还将通过实施社会主义核心价值观引领行动、新时代文明实践中心拓展行动及移风易俗行动等措施，加强乡村精神文明建设，培养并发展乡村文化，提供乡村全面振兴的精神支持。

图 5　贵定云雾茶园

在春天的带动下，贵定县居民已经展现出强烈的集体力量，以"产业兴旺、生态宜居、乡风文明、治理有效、生活富裕"为目标，致力于实现高质量的发展，绘制出贵定乡村的新未来图景。

（二）人才下乡，助力领跑新农村

贵定县的县委和县政府充分认识到"乡村人才"的核心作用，将新乡贤视为推进乡村振兴的关键力量。县里精心选派和聘用了一批新乡贤担任乡村振兴的"特派员"、"顾问"和"志愿者"，这一策略极大地活跃了全县的乡贤资源。新乡贤被引导在乡村治理、公益

图 6　贵定农村展示馆

慈善、招商引资和乡风文明等多个领域发挥其作为顾问、示范和桥梁的作用。通过乡情和亲情的联系，聚集乡贤力量，为乡村振兴提供强有力的支持。

截至 2023 年底，贵定县已经派出 100 名乡贤作为乡村振兴的"特派员"驻扎在各村，聘请了 296 名乡贤作为"顾问"，并建立了乡贤馆，同时还招募了 598 名乡贤作为"志愿者"。这些乡贤以高尚的言行为乡村树立榜样，培育文明的乡风，深植社会主义核心价值观在乡村社会。他们还将自己的知识和创业经验回馈给家乡，促进美丽乡村的建设。

新乡贤们的行动犹如春雨般润物细无声，他们的存在不仅温暖了故乡，也引领了乡风的发展。在塘满村，乡贤馆作为一个平台，不仅倡导文明的乡风，还推动了公益事业，协调解决了一些矛盾纠纷，并促进了村民自治。此外，该平台

图7 贵定农村住宅

还支持了塘满村杨雄寨田园特色乡村与乡村振兴集成示范点的建设。

贵定县接下来将继续利用乡贤资源的优势，广泛开展宣传和动员活动。通过采取"乡贤+"的工作模式，实现多级联动，进一步加速美丽乡村的建设进程，并为乡村振兴提供更强劲的动力。

📖 知识拓展

赞美新农村的诗词《曹村颂》

叶春明

红色五月基层行，漫步农村乡野间。

曹村田园新气象，乡村发展大有为。

树绕村庄清池塘，拆旧瓦房盖新房。

清澈河滨水流淌，格桑花绽布河畔。

义务教育进万家，农家子弟上学堂。

新建教室阔明亮，琅琅书声在飞扬。

清静素雅东岙村，百姓书屋修心房。

书法诗艺沁心脾，齐家治国理天下。

耕商继世承宗功，诗礼传家光祖德。

乡贤反哺牵乡愁，文化礼堂共捐筑。

硕果累累花果香，瓯越粮仓新模样。

文都武乡齐宣扬，崇学尚耕传承唱。

依山傍水风景美，历史文化底蕴深。

中华进士第一村，爱国诗人有曹豳。

不忘初心树寻根，追寻足迹反哺恩。

美丽乡村实且真，众志成城绣良景。

支付结算便利捷，农金改革惠民心。

"一带一路"新启程，复兴中华奉青春。

环境友好型生活社区

环境友好型生活社区，即生态村，是基于人与自然和谐共存的理念而建立的。这种居住模式致力于将人类的日常活动融入一种旨在保护自然环境、支持健康地球和可持续未来发展的居住环境中。

图8 新农村规划图

环境友好型生活社区着眼于四个主要方向："优化自然与文化资源的应用"；"提升乡村居住的生活品质"；"提高当地产品的经济价值"；"促进传统技术的传承与创新技术的发展"。

在我国，农村住宅的发展态势和特色主要包括：

1. 生活与生产的和谐融合。与城市住宅相比，农村住宅不仅要满足基本的居住需求，还需要适应农村家庭的特定生产活动。

2. 根据地域差异而变化的地方特色。我国幅员辽阔，不同地区的自然条件、资源情况和生活习俗存在显著差异，这要求农村住宅在建筑样式、布局设计、结构构造等方面各不相同。

3. 住宅多样化 大多数农村住宅属于个别农民所有，即便是在同一地区，不同家庭的住宅风格和构造也各有千秋。

阅读材料总结新农村发展现状结合实际生活，阐述新农村发展的问题和解决措施。

第六章 发展美

第二节　天空之眼·平塘 FAST

 阅读提醒

一、"FAST"

世界上最大的单口径球面射电望远镜，FAST，展示了中国在天文科学领域的卓越成就。作为国家重点科技基础设施之一，FAST 的设计和构建得益于中国科学家的创新设计和贵州南部特殊的喀斯特地形，其规模相当于 30 个足球场那么大，表现出了巨大的科研能力和潜力。

图1　天眼俯瞰图

FAST 的建设使中国的空间测量和控制能力不仅仅限于地球同步轨道，还扩展到了太阳系的边缘，实现了深空通信数据下行速度的百倍提升。它的应用领域极其广泛，包括但不限于制造脉冲星钟以支持独立导航研究、弱信号的诊断与识别以保障国家安全、提供高分辨率地面观察、追踪探测日冕物质抛射事件以助于太空天气预报。

科学上，FAST 的建设目标定位在探索 21 世纪的科学前沿，例如寻找暗物质和暗能量。它将使中国和全世界的天文学家能够深入研究这些尚未被充分理解的现象，其中包括宇宙中99%的未知质量和能量。安装在贵州的这座巨型"天眼"，无疑成为全球科学家寻找外星生命和解密宇宙起源谜题的重要工具。

图2　天眼反射面

"天眼"的巨大规模使其拥有非凡的观测能力。它由一个庞大的圈梁结构支撑，周长约1.6公里，直径达到500米，反射面积相当于30个足球场。FAST独特的索网结构设计使其可以根据天体移动自适应地调整，通过4450个反射面板的灵活变化观测更广阔的天区。如同人类转动眼球聚焦视线一样，FAST能够全方位、无死角地探索遥远宇宙。

此外，中国"天眼"对于远达百亿光年之外的射电信号都有可能进行捕捉，包括但不限于观测高红移脉泽星系、寻找星际通信讯号以及搜寻外星文明。它作为一个跨学科的科研平台，预计每年能发现大约7000颗脉冲星，推动物质结构和物理法则在极端条件下的研究，有望揭开更多宇宙奥秘。

其相较于全球其它著名射电望远镜如德国埃菲尔斯伯格100米望远镜和美国阿雷西博300米射电望远镜，FAST的灵敏度分别提高了约10倍和2.25倍，显著提升了人类观测宇宙的能力，堪称21世纪科学的一大奇迹。

二、一生为国造重器

（一）"天眼之父"南仁东

南仁东，中国知名天文学家，出生于1945年2月19日，籍贯吉林辽源。他在中国科学界具有重要地位，尤其在射电天文领域的贡献卓越。南仁东曾任中国科学院国家天文台研究员，同时担任国家重大科技基础设施——500米口径球面射电望远镜（即FAST项目）的首席科学家及总工程师。

南仁东的学术生涯始于清华大学，随后在中国科学院研究生院完成了硕士及博士学位。他也曾在日本国立天文台担任客座教授。自1982年起，南仁东加入中国科学院北京天文台，从事天文学研究。

1994年，南仁东开始负责FAST项目的多个阶段，包括选址、预研究、立项、可行性研究及初步设计。作为项目的骨干人物，他不仅负责设定

图3　南仁东

FAST的科学目标，还全面指导了其建设过程，并亲自解决了多个关键技术难题，如索疲劳和动光缆问题。2016年9月25日，南仁东主持的FAST项目正式启用，这标志着他将一个简单的构想实现为具有世界级影响力的科研设施。

南仁东因其卓越科研成就及对中国科学技术进步的重大贡献，被广泛尊敬和赞誉。他的人格特质同样受到赞赏，以其宽厚的处世态度、淡泊名利的精神、诚恳的人际交往和对国家科学事业的奉献精神，赢得了广泛的尊敬。2018年12月18日，南仁东被授予"改革先锋"称号，并获得改革先锋奖章。更为荣耀的是，2019年9月17日，南仁东被授予"人民科学家"国家荣誉称号，以表彰他在科学研究和国家建设中的非凡贡献。

（二）南仁东精神

南仁东的精神彰显了一种对国家深厚的情感、全心全意为民服务的爱国心，不畏艰难、勇于创新的先锋品质，追寻真理、精确严谨的科研态度，对名利看淡、专注科研的奉献意识，以及强调集体智慧、鼓励团队合作的协作观念，以身作则、培养新一代的教育哲学。

南仁东所体现的，可谓是工匠精神的最佳典范，表现为坚持不懈、追求完美、注重细节、力求卓越。他将生命中的二十四年，逾八千个日日夜夜，倾注于天文科学的研究，毅然决然地克服了重重困难，展现了坚定不移的决心。其精神主要体现在：

一是继承并弘扬了追求卓越的创新精神。当他全神贯注于科学探索时，无人能及其效率与创造力。

二是延续了追求完美的品质追求。在科研这一领域，"一丝一毫"的偏差都可能导致天壤之别的结果，唯有细致入微、追求极致，才能获得科学的真谛。

三是传递了以用户为中心的服务理念。南仁东认为，虽然知识无国界，但国家需要拥有自己的知识储备，科学工作者应将国家视为自己终生的服务对象。

📖 知识拓展

在两颗行星上

早在 19 世纪末，对空间站的构想已经在人们心中孕育。特别是在 1897 年，德国科幻作家库尔德·拉斯维茨发表了小说《在两颗行星上》，描绘了一群热衷于冒险的热气球飞行员企图穿越北极时被神秘磁场捕捉，意外被带到高达 6115 千米的火星人建造的空间站。拉斯维茨在其作品中描述空间站呈轮形，直径约 120 米，悬浮在极点之上，其运转所需能源全部来源于太阳。这本书被翻译成多种语言，并在欧洲广泛流传，极大地激发了当时对航天事业的兴趣和热情。

在后续的航天开发历程中，各国纷纷尝试建设自己的空间站，但很快发现这是一项极具挑战性的任务。这一状况促使了国际空间站项目的创建。1998 年，国际空间站的首个部件——"曙光号"功能货舱成功发射，标志着空间站的装配进入初步阶段。自 2000 年以来，国际空间站一直在轨运行，通过宇航员拍摄的照片，我们可以从新的角度观察到地球上的极端天气、气候变化及人类活动的影响。自 1998 年以来，国际空间站一直有人类居住，并成为进行科学实验和准备未来深空任务的重要基地。

与此同时，中国也不断推进自己的载人航天计划。2003 年，杨利伟乘坐"神舟五号"飞船首次进入轨道，成为中国的第一位太空人。2011 年，中国启动了对未来空间站系统的技术验证，发射了"天宫一号"试验性空间实验室。到了 2020 年 1 月 20 日，中国空间站的核心舱首次试验品被送往文昌航天发射场参与"长征五号 B"火箭的发射练习，预示着中国空间站在轨组装任务的即将开始。2022 年 6 月 17 日，航天员聂海胜、刘伯明、汤洪波进入天和核心舱，标志着中国人首次踏入自己构建的空间站，开启了中国在空间科学实验和探索领域的新篇章。

天 问

屈 原

曰：遂古之初，谁传道之？上下未形，何由考之？冥昭瞢闇，谁能极之？冯翼惟象，何以识之？明明闇闇，惟时何为？阴阳三合，何本何化？

圜则九重，孰营度之？惟兹何功，孰初作之？斡维焉系，天极焉加？八柱何当，东南何亏？九天之际，安放安属？隅隈多有，谁知其数？

天何所沓，十二焉分？日月安属，列星安陈？出自汤谷，次于蒙氾；自明及晦，所行几里？夜光何德，死则又育？厥利维何，而顾菟在腹？女歧无合，夫焉取九子？伯强何处，惠气安在？何阖而晦，何开而明？角宿未旦，曜灵安藏？

不任汩鸿，师何以尚之？佥曰何忧，何不课而行之？鸱龟曳衔，鲧何听焉？顺欲成功，帝何刑焉？永遏在羽山，夫何三年不施？伯禹腹鲧，夫何以变化？

纂就前绪，遂成考功；何续初继业，而厥谋不同？洪泉极深，何以填之？地方九则，何以坟之？应龙何画，河海何历？焉有虬龙，负熊以游？鲧何所营，禹何所成？康回冯怒，地何故以东南倾？

九州安错，川谷何洿东流不溢，孰知其故？东西南北，其修孰多？南北顺椭，其衍几何？

昆仑县圃，其尻安在？增城九重，其高几里？四方之门，其谁从焉？西北辟启，何气通焉？日安不到，烛龙何照？羲和之未扬，若华何光？何所冬暖，何所夏寒？焉有石林，何兽能言？

雄虺九首，倏忽焉在？何所不死，长人何守？靡蓱九衢，枲华安居？一蛇吞象，厥大何如？黑水玄趾，三危安在？延年不死，寿何所止？鲮鱼何所，鬿堆焉处？羿焉彃日，乌焉解羽？

通过对原文的理解分析《天问》题意、作时、主旨、结构。

第三节　横跨云端·平塘特大桥

 阅读提醒

一、云端上的桥

（一）平塘特大桥

平塘大桥，这座架设在中国贵州省黔南布依族苗族自治州平塘县平里河村上的壮观之作，是余庆—安龙高速公路（黔高速 S62）上的关键一段。这座大桥西接通州互通，穿越槽渡河大峡谷，而东端达到牙舟互通，连接包括大冲村、达

图 1　平塘特大桥

傲村、通州服务区停车场、落印村等地，全长 2135 米，宽度达到 30.2 米，设计为双向四车道高速公路，设计通行速度为 80 千米/小时。

平塘大桥不仅因其技术创新和巨大规模而著称，也因此获得了多项荣誉，包括 2016 年的 BE 创新奖决赛入围奖以及 2021 年国际桥梁大会（IBC）颁发的古斯塔夫斯·林德撒尔奖。这些建设和设计上的成就不仅彰显了工程师的智慧和勇气，也展现了人类与自然环境和谐共存的理想。

设计上，平塘大桥以三座相同的桥塔跨越壮丽山谷，不仅易于形成视觉上的整体感，还与周围山势相契合。为了打破平面桥塔的立面单调性，同时提高结构的整体刚度并满足美学需求，设计师创新采用了空间钻石塔造型。这种设计使得桥梁不仅在结构上稳定刚劲，而且在视觉上具有独特的魅力，展现了桥梁在力与美方面的和谐统一。

平塘大桥的建设不仅是工程技术的突破，更具有深远的社会经济意义。它为西部山区大跨度桥梁的设计和施工提供了珍贵的参考，对于推进当地旅游业和区域经济发展，乃至促进乡村振兴具有不可忽视的作用。通过这样的工程实践，人类的创意和努力得以体现，进而推动社会向更加和谐、可持续的方向发展。

（二）工匠精神

1. 精神简介

工匠精神代表着社会文明的进步标准，是推动中国制造业向前的精神动力，也是企业品牌竞争力的核心资产，对员工个人而言，它是成长过程中的道德向导。所谓"工匠精神"，即指对创新卓越的不懈追求、对高品质无止境的致力，以及始终将客户需求放在首位的服务理念。

2. 精神内涵

敬业。敬业是从业者基于对职业的敬畏和热爱而产生的一种全身心投入，尽职尽责的职业精神状态。早在春秋时期，孔子就主张人在一生中始终要"执事敬""事思敬""修己以敬"。"执事敬"，是指行事要严肃认真不怠慢；"事思敬"，是指临事要专心致志不懈怠；"修己以敬"，是指加强自身修养保持恭敬谦逊的态度。

精益。精益就是精益求精，是对每件产品、每道工序都凝神聚力、精益求精，还要求做得更好，正如老子所说，"天下大事，必作于细"。

专注。专注就是内心笃定而着眼于细节的耐心、执着、坚持的精神，这是一切"大国工匠"所必须具备的精神特质。即一种几十年如一日的坚持与韧性。如《庄子》中"庖丁解牛"、《核舟记》中奇巧人王叔远等。

创新。"工匠精神"还包括追求突破、追求革新的创新内蕴。改革开放以来，"汉字激光照排系统之父"王选、"中国第一，全球第二的充电电池制造商"王传福、从事高铁研制生产的铁路工人和从事特高压、智能电网研究运行的电力工人等都是"工匠精神"的优秀传承者，他们让中国创新重新影响了世界。

3. 现实意义

在现代国家的社会生产活动中，"工匠精神"展现了其深远的教育意义。

在快节奏的现代社会，许多人倾向于追求低成本、快回报的经济效益，往往忽视了产品质量的核心。在这种环境下，培养工匠精神显得尤为重要，有助于企业在激烈的市场竞争中持续发展。与那些只注重短期盈利，不断推出新产品以吸引资金的企业不同，那些坚守工匠精神的企业，通过持续的信念和对完善产品的执着追求，最终能够以其高质量的产品赢得消费者的信赖和尊重。无论结果如何，这一过程本身就是一种精神上的满足和提升，体现了一种高尚和积极的价值观。

二、"大道同行"中国著名桥梁建筑师

（一）茅以升

茅以升（1896年1月9日—1989年11月12日），江苏镇江出生，是一位杰出的土木工程专家和桥梁专家。他是中国共产党党员，同时也是九三学社成员，并在生前担任了九三学社中央的名誉主席、中国铁道科学研究院院长和中国科学技术协会的名誉主席等重要职务。

在其领导下，中国铁道科学研究院在30多年的时间里，为铁道科学技术的发展作出了突出贡献，他是土力学应用于工程领域的先驱。他还负责监管了中国自行设计和建造的首座现代化大型桥梁——钱塘江大桥，这一成就标志着中国铁路桥梁建设史上的重要

图 2　茅以升

进步。此外，新中国成立后，茅以升还参与了武汉长江大桥的设计工作。

（二）李春

李春是隋朝时期的著名桥梁建造师，籍贯为今天河北省邢台市临城县。他在隋开皇十五年到大业初年（大约公元595年至605年）期间，主持建造了赵州桥。唐代的中书令张嘉贞在《安济桥铭》一文中记录了李春的成就，提到："赵州洨河石桥，乃是隋代匠人李春的杰作，其建造技术高超，常人难以理解。"赵州桥的建成不仅展示了李春的卓越技艺，也使他成为中国乃至世界建筑史上的桥梁专家典范。

图3 李春雕塑

三、中国桥梁的丰厚韵味

（一）《梦里依旧那座桥》·王树枝

循着冬奥会交通设施建设者的足迹，我们乘坐复兴号奔向张家口，探访京张高铁和延崇高速上的那些桥。一路上，同伴们热烈地议论着，我神不守舍随声附和，心里却念叨着"快到了、快到了"。说话间，官厅水库高铁大桥迎面扑来，两侧橙红色拱形构件快速闪过。我紧贴车窗玻璃，眼睛贪婪地追逐着近在咫尺的高铁桥的身影，神情是那样的专注。朋友们笑我："吃了大半辈子造桥的苦，怎么退休了，还这样痴迷于桥啊？"

桥！桥！桥！风华正茂韵未尽，魂牵梦绕情未了……

（二）《桥》·陈忠实

搞不清汉朝还是唐代，一位太子因为继位问题而遭到兄弟的暗杀，仓皇逃出宫来，黑灯瞎火奔窜到此，面对突暴的河水，捶胸顿足。他宁可溺水一死，也不愿落入兄弟之手，于是眼睛一闭，跳进河浪里去。这一跳不打紧，恰好跌落在河水里一块石头上，竟没有沉。太子清醒过来，不料那石头漂上水面，浮游起来，斜插过河面，掠过屋脊高的排浪，忽闪忽闪飘到北岸。太子跳上沙滩，大惑不解，低头细看，竟是一只碾盘大小的乌龟，正吃惊间，那乌龟已潜入水中，消失了。

这个美妙的传说，仅仅留下一个"龟渡王"的村庄名字供一代一代村民津津有味地咀嚼，再没有什么稍为实惠的遗物传留下来，想来那位后来继承了皇位的太子，也是个没良心的昏君吧？竟然不报神龟救命之恩，在这儿修一座"神龟庙"或是一座"龟渡桥"，然而没有。

(三)《桥》·艾青

当土地与土地被水分割了的时候，当道路与道路被水截断了的时候，智慧的人类伫立在水边：于是产生了桥。苦于跋涉的人类，应该感谢桥啊。桥是土地与土地的联系；桥是河流与道路的爱情；桥是船只与车辆点头致敬的驿站；桥是乘船与步行者挥手告别的地方。

中国最著名古桥

1. 卢沟桥

卢沟桥，也被称为卢沟晓月，是位于中国北京市的一座著名古桥，跨越永定河（卢沟河）。这座桥以其古老和精美的石造结构而闻名，也因 1937 年发生的卢沟桥事变而具有重要的历史意义。

卢沟桥的全长为 266.5 米，宽度在 7.5 米到 9.3 米不等，拥有 10 座桥墩和 11 个桥孔。整座桥梁采用石体结构建造，连接处使用银锭铁榫，增强了桥梁的稳定性和耐久性，被认为是华北地区最长的古代石桥。

1937 年 7 月 7 日，卢沟桥事变爆发，标志着全国性的抗日战争的开始，这使得卢沟桥不仅仅是一座建筑工程上的瑰宝，也成为中国现代史上的一个重要地标。

2. 赵州桥

赵州桥，位于中国河北省赵县（原隶属赵州）洨河上，由隋朝著名工匠李春设计和建造，建成于公元 595 年至 605 年之间，距今已有大约 1400 年的历史。它是现存最古老的单孔石拱桥，也是世界上现存最早、保存状态最完善的敞肩（开敞式肩部设计）石拱桥。

赵州桥的最大特点是采用了独创的"隅肩式"结构设计，这种设计极大地增加了桥梁的跨度，并减轻了桥梁本身重量。桥长 50.82 米，桥面宽 9 米，主拱跨度达到了 37.37 米，是当时世界上跨度最大的石拱桥。它的成功建造，标志着中国古代桥梁建造技术的巅峰，为世界桥梁建筑提供了重要的参考和启示。

赵州桥的艺术价值同样引人注目。桥上刻有精美的浮雕和石雕，展现了隋朝时期的艺术风格和雕刻工艺，包括荷花、祥云、飞天等图案，这些雕纹不仅装饰了桥梁，也体现了当时社会文化和审美情趣。

3. 洛阳桥

洛阳桥，亦称万安桥，位于中国福建省泉州市洛江区与台商投资区交界的洛江口，是中国古代极为杰出的石桥工程之一。这座桥樑始建于北宋时期，由著名的政治家、文学家范仲淹策划和倡导建设，工程耗时多年，历经南宋才最终完工。洛阳桥全长834米，是一座典型的跨海梁式大石桥，以其雄伟的规模和精湛的建筑技术而闻名，被誉为"海内第一桥"。

由于其独特的历史地位和文化价值，洛阳桥不仅是泉州的地标性建筑，也是重要的交通要道。1938年，洛阳桥在第二次世界大战期间遭到日本飞机的炸毁，损毁严重。幸运的是，根据历史资料和保存下来的建筑结构，1996年，人们开始对洛阳桥进行全面的修复。修复工作力求恢复其原有的古典风貌，使之再次成为泉州乃至中国的重要文化遗产。

4. 广济桥

广济桥，又被称为湘子桥，是中国历史悠久的著名古桥之一，位于广东省潮州市，横跨潮州古城东门外的韩江。这座桥不仅因其独特的建筑结构和美丽的景致备受推崇，还因其承载的厚重历史与文化意义而名列中国四大古桥之一。

广济桥的建造始于南宋，历经多次破坏与重建，至今仍保留着古代建筑的典型特色。这座桥是中国第一座由固定桥段和可移动船桥段结合而成的启闭式浮桥。桥梁全长518米，桥面宽5米，共有24个桥墩，设有19个桥孔，每个桥孔可根据水流和航运的需要进行开闭，这在古代建筑中极为罕见。

广济桥在历史上曾是粤东与闽西地区间的重要交通枢纽，有"闽粤咽喉"之称，对于促进地区间的经济和文化交流起到了关键作用。桥上的建筑和装饰反映了宋、元、明、清各朝的建筑风格与技艺，尤其是石刻艺术，体现了中国石桥建筑的高超技术和艺术价值。

5. 安平桥

安平桥，也称五里桥，位于中国福建省泉州市，是一座历史悠久的梁式石桥，连接晋江市和南安市。这座桥长2255米，是世界中古时代已知的最长的石梁桥，因其长度和卓越的工艺而享有"天下无桥长此桥"的美誉。

建造于南宋初年，安平桥历经元、明、清各朝的修缮和增建，至今仍保持完好。桥体采用花岗岩石料精心铺筑，以巨大的石梁跨接，表现出宋代石桥建筑的高超技巧。桥上设有多个桥拱，形式多样，彰显古代工匠的精湛技艺和对美学的追求。

📖 阅读任务

工匠精神

2015年，央视推出系列纪录片《大国工匠》，引发社会关注。纪录片将一位位满怀专注和热爱，坚持苦思和钻研，用双手缔造一个个"中国制造"神话的大国工匠从幕后带到台前，也将"工匠精神"一词带入人们视野。

工匠精神不仅是职业素养的要求，也是良好品质的代表。它是心怀匠心，以巧妙的心思进行创新；它是铸造匠魂，以高洁的品德坚守本心；它是守护匠情，以深厚的情怀面对工作；它是实践匠行，用求实的态度苦心耕耘。

工匠精神是国家的魂、民族的本，也是中国制造走向世界的重要基础。对青年一代而言，这一精神并不遥远，其中蕴含的爱岗敬业、精益求精、勇于创新、耐心专注等品质，与我们的生活息息相关。因此，我们更应担起肩上的责任，继承并发扬工匠精神，为中华民族屹立于世界民族之林而不懈奋斗。

鲁班：万世工人祖，千秋艺者师。

鲁班出生于春秋时期鲁国的一个工匠世家，年幼时就展现出对土木建筑的兴趣。不同于同龄人演习苦读，小鲁班每天都花很多时间摆弄树枝、砖石等小玩意。左邻右舍都认为他不学无术，没有出息。只有母亲非常支持鲁班，她鼓励他从生活中汲取知识，在实践中发展才干，做自己喜欢的事情。

正因为母亲的大力支持，鲁班从贪玩的孩子成长为一名优秀的建筑工匠。然而，年少养成的习惯使他并不安于成为一名普通木匠，而是非常留心观察日常生活，在实践中获得灵感，不断改进、创新自己的工艺和工具。

　　一次，他在爬山时被边缘长着锋利细齿的山草划破了手指，想到自己砍伐木料时，常因为斧子不够锋利而苦恼，心中顿时一亮。他请铁匠照草叶的边缘打造了一把带尺子的铁片，又做了个木框使铁片变得更直更硬，打造了一把锯木的好工具——就是后世使用的锯子。不仅如此，鲁班还发明了墨斗、石磨、锁钥等等工具，是名副其实的发明大家。

　　日复一日的劳作使他练就了善于发现的眼睛，自我提升的要求使他养成了不断创新的思想，而精益求精的钻研使他成为建筑行业的先师，广为后世称道。鲁班的事迹也凝结为以爱岗敬业、刻苦钻研、勇于创新等品质为内核的"鲁班精神"，成为世代工匠追求的自我修养。

　　阅读全文总结工匠精神的核心内涵，分析工匠精神对当代学生的影响。

第四节　美丽画卷·福泉黄丝村

📖 阅读提醒

一、福蕴山水，诗画江边

（一）和善桥

在黄丝江畔，一座宏伟壮观的风雨桥横跨鱼梁江，又名和善桥，始建于清光绪三十年（1904 年），由当地乡绅叶于春捐资兴建。桥长 30 米，宽 4.2 米，高 7 米。桥中孔拱石上镶有扇形"和善桥"桥名碑，中孔顶部悬挂一把铁剑。

这座风雨桥采用三孔石桥结构，桥面以下为青石砌成，

图 1　和善桥

桥面以上为风雨楼，条木凿木相吻，榫衔接，雄伟而结实。桥上设有长廊和楼亭，层次分明，楼亭呈塔形，多角重檐，形似宝塔，体现了布依族古建筑艺术的特色。桥面通道两侧有栏杆，长廊两旁设有长凳，供行人观赏和休息。

站在桥上眺望，东边的鼎罐城依山而建，亭台楼榭错落有致，南边的江边

布依山寨在绿树掩映下，像一个害羞的姑娘放飞着袅袅炊烟，西边的姊妹岩宛如仙女下凡，在鱼梁江中款款深情，北面的山坡上，傍晚时分，和善桥两边的长廊上响起布依族和苗山歌声，和善桥下清清亮亮的江水从三个桥孔中缓缓流过，桥的倒影随波荡漾，江面宽敞，江水平静。

图 2　黄丝村河畔

和善桥至今已有一百多年历史，见证了江边寨布依族、苗族同胞的生活，也是布依族农民起义领袖王子良和其妻子小二娘英勇就义的地方。桥虽历经风雨，却愈发雄壮美丽，成为一处百年交通桥和景观。

（二）姊妹崖

《姊妹崖》是一部以黔剧形式展现的剧作，其灵感来源于红军在长征途中穿越贵州时的历史事件，通过聚焦普通人民的视角，展现了红军与人民之间的深厚联系和高尚形象。剧情讲述了红军撤离乌江后，白军的到来。红军的伤兵九江和一个身处两难境地的士兵长庚，为了逃避白军的追捕，各自隐藏在姊妹崖的不同洞穴中。在这里，他们与大兰、小兰姐妹相遇，进而展开了一系列故事。当白军追踪至后洞并威胁要将大兰和小兰的母亲刘幺娘从悬崖推下以逼迫长庚现身时，出现了戏剧性的转折。在这个危急时刻，九江不顾自己的安全，勇敢牺牲自己以救下刘幺娘，这一行为不仅拯救了刘幺娘，也触动并改变了长庚和大兰，以及提升了小兰的内心世界。通过这个故事，该剧深刻地揭示了红军与贵州人民之间不可分割的关系和红军的英勇形象。

（三）葡萄长廊

在金秋时期，当瓜果散发馥郁芳香时，位于福泉的黄丝江畔布依寨的新型农村综合体内，葡萄长廊内的精选葡萄品种散发出令人难以抗拒的香气，吸引着人们前来体验采摘的乐趣。
这里种植的葡萄品种被誉为葡
萄界的"白富美"，这些葡萄
不仅外观吸引，风味独特，还
引入了具有高观赏和食用价值
的品种。例如，"金手指"葡
萄，细长如少女的手指，拥有
细腻的奶油般香气；"美人指"
葡萄，外观美观，宛如涂有红
色指甲油的少女指尖；以及

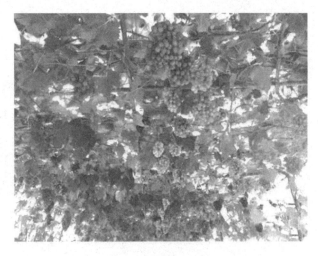

图 3　葡萄长廊

"夏黑"葡萄，这种珍贵葡萄品种具有浓郁的草莓香味，吃起来连皮一同享受。
步入这片葡萄长廊，不仅可以目睹这些高品质的葡萄，还可以亲自体验采摘，
将这些如美人般的葡萄收入囊中并品尝其独特的美味。此外，还能采摘一些，
带回家与家人共享这份甜蜜的满足。

二、古树巍然跨越千年

（一）银杏

银杏树，亦称白果树、公
孙树、鸭脚树或蒲扇，是一种
珍贵且古老的植物，常被誉为
"活化石"。银杏拥有多个变
体，如黄叶银杏、塔状银杏、
垂枝银杏和斑叶银杏等。这种
树木生长缓慢但寿命极长，因
此具有较高的观赏和药用价
值。银杏偏爱阳光充足的环

图 4　银杏树叶

境，需要湿润且排水良好的土壤条件，尽管如此，它也表现出一定的耐旱能力。
虽然其成长初期较为迟缓，生长后期会逐渐加快。银杏树的树形优雅，其花语

代表着坚韧、沉着以及纯洁的情感。

（二）《瑞鹧鸪·双银杏》·李清照

风韵雍容未甚都。尊前甘橘可为奴。谁怜流落江湖上，玉骨冰肌未肯枯。谁教并蒂连枝摘，醉后明皇倚太真。居士擘开真有意，要吟风味两家新。

（三）《银杏王》·乾隆

古柯不计数人围，叶茂枝孙绿荫肥。世外沧桑阅如幻，开山大定记依稀。

三、风光旖旎布依韵

（一）布依族服饰中的文化内涵

布依族的歌舞和服饰深刻地反映了其丰富的传统文化、生活方式以及信念体系。特别是在节庆之日，布依族的人们会穿上自己亲手制作的精美服装，展现他们的文化魅力。在表达情感时，年轻男女会选择用自己织制的布料、服装、手绢和鞋子等物品作为爱情的见证。布依族的婚俗独特，存在着独特的"不入夫家"传统。仅当女方参加了称为"戴假壳"的仪式，婚姻才被视为正式开始。"假壳"，一种外形类似簸箕的帽子，其框架由竹笋壳制成，外部则用青布缠绕并点缀以色彩斑斓的花帕子。按照习俗，未婚的布依族女性会梳理成辫子，结婚后一段时间她们仍旧居住在娘家。在结婚当年的八九月到次年四月间的某一天，她们会佩戴"假壳"，这标志着她们可以开始与丈夫同住。

（二）布依族饮食文化

布依族的饮食主要以大米和玉米为基础。传统上，布依族的农业活动主要集中在水稻的种植，因此大米成为他们的主要食物来源，而玉米、小麦、红薯和小米则作为辅助粮食。在布依族的饮食习惯中，非常偏好糯米制品，尤其在节日庆典和婚丧事宜中，糯米食品是必不可少的，有"节不过无糯，礼不成无糯"的说法。传统节日中，人们会制作糍粑和枕头粽子，而在"三月三"和"四月八"的节日里则会准备五色花糯米饭来庆祝。

在菜肴方面，布依族的饮食特色以酸味为主。他们喜爱各种酸味食品，如酸汤、酸菜和酸辣椒等，并擅长制作咸菜、腌肉和豆豉。其中，一种特有的腌菜称为"盐酸"，在当地拥有较高的知名度。

　　每年秋收后，布依族家庭都会自酿大量的米酒，供全年使用。这种米酒通常在十一月份制作，其酿造过程既简单又方便，被称作便当酒。布依族以热情好客著称，常以酒款待宾客，无论客人的酒量大小，接待时总是先以酒相迎。

生活语文教学实践

银杏诗三首

依韵和齐少卿龙兴寺鸭脚树
梅尧臣

百战蟠根地，双阴净梵居。

凌云枝已密，似蹼叶非疏。

影落邻僧院，风摇上客裾。

何当避烦暑，萧洒盖庭除。

赠古泉上人
刘　熠

花深竹石迷过客，

露冷莲塘问远公。

尽日苔阶闲不扫，

满园银杏落秋风。

浣溪沙·寄严荪友
纳兰性德

藕荡桥边理钓筒，苎萝西去五湖东。笔床茶灶太从容。

况有短墙银杏雨，更兼高阁玉兰风。画眉闲了画芙蓉。

布依族"三月三"

布依族的"三月三"节，被列为国家级非物质文化遗产，是一个富有民族特色的传统节日。这个节日通常在农历三月初三庆祝，标志着农业生产的启动。此时节，春旱明显，蚊蝇及其他害虫开始活跃，火灾事故亦较为频繁。主要的节日活动包括舞草龙以扫荡邪灾、祭祀山神以祈求雨水，以及上山"躲虫"祈求好运等。通过这些仪式，布依族人民表达了对农作物丰收和家庭安宁的希望。同时，"三月三"也是布依族青年男女交流情感、寻找配偶的重要时刻。

布依族的"三月三"节日在不同地区有着各自独特的庆祝方式和传说故事。例如，在贵州贞丰，布依族会在这一天举行祭祀山神的活动。根据传说，古时的三月初三这一天，山神诞生，并释放了众多害虫如蚊蝇、蝗虫等，给农作物带来灾害，人畜亦生病。因此，布依族人自此便在每年的三月初三举行祭祀山神和"扫寨驱邪"仪式，以确保村寨的安宁、农业的繁荣以及家畜的健康。关于这一节的历史可以追溯到清乾隆年间，据《南龙志·地理志》记载："每岁三月三宰牛祭山，各聚分肉，男妇筛酒，食花糯米饭……三、四两日，各寨不通往来，误者罚之"，显示出这一节日已有近千年的历史传承。

设计一个以布依三月三为主题的民族节日保护方案。

第五节　初心不改·福泉退役军人创业园

 阅读提醒

一、红土地，双拥情

（一）一心一意为家乡（邓发明）

邓发明曾是一名军人，其军旅生活长达18年，在此期间，两次荣获个人三等功。他以少校的身份结束了军旅生涯，转入地方工作，始终保持着勤勉和敬业的态度。在外四十年，每当归乡，尽管方言依旧，但岁月已在他的鬓角留下痕迹。同样未变的，还有他对家乡民众生活困境的关心。他决心为改善乡亲们的生活出一份力。坚守初心，不忘使命，他结束了军旅生活，并开启了帮助乡村脱贫的新征程。在过去的两年里，从最初的一颗猕猴桃开始，他引领村民种植希望，一起迎接美好的将来。在他的努力下，所在的农业园区逐渐成了他服务的退役军人创业示范园，这一成就不仅仅是福泉市和黔南州的，也是全省范围内的一个成功典范。

1. 创业

邓发明出生于福泉市陆坪镇罗坳村，一个较为偏远的地方。由于地区信息不发达和传统观念的影响，他每次返回家乡发现当地居民的生活水平未见明显改进，心中常感忧郁。在2016年7月的一天，因公务需陪同一省外考察团赴修文县调研，在那里看到了漫山遍野的猕猴桃，这启发了他："我家乡的气候、海拔和土壤条件与此地相似，是否能尝试同样的种植呢?"理解到持续的财富增长必须依赖于产业发展，邓发明经过深入的分析和论证，决定主攻猕猴桃种植，并全力推进栽培其他高附加值的农产品。他把罗坳村作为中心，鼓励周边的村庄共同参与这一农业发展计划。

2. 抱团

邓发明明白，要想取得事业上的成功，仅凭个人之力难以成就大业，缺少党委和政府的支援亦难以推进。为了保证人力、资金和物资能有效集中，以实现项目的规模化、科学化及产业化，邓发明向陆坪镇党委及政府相关领导积极上报，获得了坚强的支持。到了 2016 年年末，邓发明带头成立了福泉市罗坳村众创未来种养合作农民专业合作社，这一步是他心目中迈向共同富裕道路的重要一环。

3. 做强

邓发明积极利用自己的背景和资源，创造了一个具有示范意义的退役军人创业就业平台，坐落于福泉市藜山片区的退役军人创业示范园。核心区域由邓发明推动的农业产业示范基地构成，这不仅帮助退役军人解决就业问题，还为他们提供了创业的机会。福泉市政府为支持此类创业活动，出台了一系列政策和方案，从而确保了政策、资金和基地建设的支持力度。

虽然邓发明坦言从事农业的过程充满挑战和辛酸，但他始终保持着乐观与坚韧的态度。作为一名退役军人，他的故事和实践不仅给予了当地农业新的发展方向，也为其他退役军人提供了实实在在的帮助和希望。邓发明的笑容和他的努力展现出一种朴实无华但极富感染力的力量，激励着周围的人一同向前。

(二) 军民相拥，鱼水情深

退伍军人在福泉市的故事，是对"兵归田野"的现代诠释，也是贵州省黔南州在乡村振兴战略中的一个生动案例。这些曾经的"铁骨硬汉"穿上军装时，是国家的保卫者;脱下军装回到家乡后，他们转战另一个战场——乡村振兴，成为时代发展的先锋力量。

邹念军和杨颖的故事表明，退伍军人携带着不畏艰苦、勇于奉献的精神回归民间，成为推动地方经济和社会发展的重要力量。黄丝村在邹念军的带领下，从传统农业向精品农业和文化旅游业成功转型，实现了村民收入的显著增长；杨颖则是将积蓄和信念投入到一个对当地经济有着深远影响的企业，不仅满足了地区的工业需求，也为当地居民提供了就业机会。

通过这些退役军人的实践，"一个退伍军人，就是一面旗帜"的口号在福泉市不断

图1　军人与人民和谐相处

得到验证。他们以实际行动诠释了军人精神，在民间继续为国家和社会做出贡献，助力乡村振兴和社会发展。这一过程不仅展示了退伍军人的个人价值和社会责任感，也体现了军民融合发展的巨大潜力。

二、驰而不息，久久为功

（一）福泉政府拥军

福泉市的双拥活动在"八一"建军节期间得到了充分的体现，展示了民政军的深厚情谊和相互支持的优良传统。通过退役军人事务局、市商务局与地方企业以及社会组织的合作，开展对驻军部队的慰问活动，不仅增强了军民之间的联系和理解，也强化了社会对军人的尊重和爱护。

这种行动不仅为官兵们传递了节日的温暖和社会的关怀，也是对他们工作和牺牲的一种肯定与感谢。通过亲切交流，了解部队的日常生活与训练情况，进一步加深了地方政府和广大民众对驻地部队的了解与支持。

福泉市的这些活动，不仅是对驻地部队的具体支持，更是一种长期的、持续的社会文化建设。这种军民融合、相互支持的社会氛围为地方的稳定与发展提供了强有力的社会基础，同时也展示了福泉市作为"全国双拥模范城"的独特魅力和实际成效。

这种模式为其他地区提供了参考，证实了军民合作不仅能够提升军队士气，

也可以使得地方社会更加和谐，促进地区的整体发展。随着这种双拥文化的不断深化和推广，预计会有更多的地方采纳类似的策略，弘扬这种优良传统，进一步推动军民融合发展走向深入。

（二）福泉双拥精神

福泉市深化双拥工作，体现出了极具特色和成效的实践，不仅贯彻落实了习近平总书记关于双拥工作的重要论述和指示精神，而且展现了福泉市高度的思想、政治和行动自觉，成功开创了军政军民团结的新局面。福泉市自 1956 年以来的长期双拥历史和文化，特别是连续八次获评"全国双拥模范城（县）"称号，标志着其在全国双拥工作中的杰出贡献和典范地位。

福泉市的双拥历史源远流长，从红军长征时期的深厚军民友谊到抗日战争时期的全民支援，再到和平年代的互帮互助，每一个阶段都凸显了福泉人民对军队的深情厚谊和坚定支持。尤其值得称赞的是，福泉市民族团结和军民一家亲的优良传统，在现代仍然得以传承和发扬光大。

市民积极鼓励子女参军入伍，体现了福泉人民对国防和军队建设的高度责任感和光荣感。这不仅增强了军队的力量，也加深了军民之间的情感联系，创建了一个共享荣耀的社区环境。

福泉市的双拥工作和贡献，是对"军爱民、民拥军"光荣传统的现代体现，也是对国家和社会的重要贡献。福泉模式为其他地区树立了典范，展示了军民融合发展的巨大潜力和生动实践，值得全国乃至世界学习与借鉴。这一切都能证明，强化双拥工作对促进社会和谐稳定、加强国防建设具有不可替代的重要作用。

📖 知识拓展

描写军人诗词两篇

白马篇（节选）
曹　植

弃身锋刃端，性命安可怀？

父母且不顾，何言子与妻！

名编壮士籍，不得中顾私。

捐躯赴国难，视死忽如归！

咏　怀
阮　籍

壮士何慷慨，志欲威八荒。

驱车远行役，受命念自忘。

良弓挟乌号，明甲有精光。

临难不顾生，身死魂飞扬。

岂为全躯士？效命争战场。

忠为百世荣，义使令名彰。

垂声谢后世，气节故有常。

📖 阅读任务

丝绸之路

在公元前139年，汉武帝任命名为张骞的外交使节，自陇西出发前往远方的月氏国。其历时 13 年的壮阔旅程穿梭幽远的天山地区，触及了广阔的中亚及西亚。

被命名为丝绸之路的通道，是古代中国、印度、希腊三大文明之间的交流大道，全长超过七千公里，始于西汉的长安（即现代的西安）或东汉的洛阳。此路越过陇山，通过河西走廊，穿越玉门关与阳关，伸展到新疆的边际。从那里继续，路径穿插绿洲和帕米尔高原，直至中亚及西亚，最终通向北非和欧洲。这条路线作为历史与文明交流的见证，极大促进了欧亚大陆国家与地区在商贸、宗教、文化及多民族交流的融合，对全球共同繁荣与进步产生了持久的影响。中国国家主席习近平在 2013 年访问中亚和东南亚国家期间提出的"一带一路"倡议，即是在这条古老交通线上注入新的活力。

散发着历史气息的丝绸之路，是在德国地理学家李希霍芬 1887 年发布的《中国》一书中首次提及。此路线长久以来不仅加深了中国与中亚、西亚、欧洲及非洲各国人民间的联系，也推动了包括中国、印度、希腊、罗马在内的历史古国的文化与技术的交流与发展。张骞两度使职西域，催生了这条自西汉时期开始，历时 2100 多年的西北丝绸之路。通过这条洲际交流大道，不仅中华的丝绸、瓷器、铁器及茶叶等品质高超的货物输出至西亚和欧洲，还有技术与文化的广泛传播；同样，西方的商品、技术与文化途经此路纳入中国，共同繁荣了欧亚大陆的文化交流与进步。

第六节 农业先锋·黔南农科院育种基地

 阅读提醒

一、科学种植·米香芳华

（一）品种选育创新高

黔南农科院育种基地借鉴广东省农业技术推广中心的先进做法，采纳了广东的农业管理理念和操作模式，多样化地引进了茄子、辣椒、冬瓜等243种蔬菜品种进行种植。通过在相同条件下进行引种种植试验，从中筛选出了88种适合黔南地区气候和土壤条件，

图1 农科院专家育种授课

且具有高产量、优良品质、强抗性和较高市场价值的蔬菜品种。

进一步，基地以为黔南州各地提供服务及满足21个粤港澳大湾区"菜篮子"基地的需求为目标，坚持"专注特色单品"原则。这与黔南州蔬菜产业发展的"3个100工程"相结合，致力于"强化特色产品"和"探索四新技术"的试验与范例任务。基地不仅聚焦在引种种植上，更在此基础上汇总了高产栽

培技术和病虫害防控技术，通过技术训练和推广等手段，旨在为推动全州乡村振兴策略和农业产业的发展提供坚实的科技支持。

（二）南繁攻坚助发展

虽然许多人将海南视为沙滩和椰树的旅游胜地，但对于农业科研人员来说，海南却是加速种质资源创新的理想之地。黔南州农科院的水稻南繁育种工作已经超过半个世纪。每年 11 月，当贵州的水稻收成尘埃落定后，黔南州农科院的专家团队会立刻准备好精心选育的优质种质，前往海南三亚进行南繁工作。

图 2 南繁水稻制种

在这个过程中，种子需要经历培育、筛选到最终生产的多个阶段，科研人员需不断从中筛选出优质种子以提高其品质。在位于黔南的南繁育种基地，尽管规模不大，但设施一应俱全，能够完成水稻育种材料的加代、繁殖、制种、杂交、测交及筛选等多项工作。黔南州农科院的南繁试验基地占地 15 亩，场内陈列着各类水稻种质，基地目前正进行着 1500 多种小样本材料的试验种植，这对加快育种进程及持续推动水稻种质资源的创新利用具有至关重要的作用。

（三）试验示范供良方

黔南州农科院在适应产业发展和农业智能化要求，以及满足市场多样化需求的背景下，采取了创新的方式来提供技术和种植方案支持，旨在帮助地方农业产业发掘更多适宜的品种。通过"自我培育"与"向外引进"两种途径并行不悖，黔南州农科院加强了与国内拥有丰富种源和核心育种技术的科研机构的合作。这一策略旨在引入既优质高产又抗逆，同时具备市场潜力的蔬菜、水稻和玉米等新品种。

为此，黔南州农科院开展了新品种的试验示范和展示活动，选育出了一批适合各种季节、符合不同消费习惯以及能够满足不同地域生产供应需求的品种。特别是由州蔬菜专家试验站牵头实施的蔬菜新品种展示项目，展示了辣椒、番茄、茄子、瓜类和豆类等 119 个新品种。这些新品种经过移

图 3　黔南农科院育种基地稻田

植和品比试验，最终旨在挑选出最适合黔南区域特色种植的蔬菜新品种，它们不仅抗性强、商品性高，而且品质优良。通过这些试验和展示活动，黔南州农科院总结出了一系列新技术，为地方农业产业在种源选择和技术储备方面提供了有力的支持。这些努力不仅促进了当地农业产业的发展，也为实现产业升级与持续增长铺垫了坚实的基础。

二、穗香欢人颜

（一）《插秧歌》·杨万里

田夫抛秧田妇接，小儿拔秧大儿插。笠是兜鍪蓑是甲，雨从头上湿到胛。唤渠朝餐歇半霎，低头折腰只不答。秧根未牢莳未匝，照管鹅儿与雏。

（二）《稻花》·董嗣杲

四海张颐望岁丰，此花不与万花同。香分天地生成里，气应阴阳子午中。顷顷紫芒摇七月，穰穰玉糁杵西风。雨旸时若关开落，歌壤谁摅畎亩忠。

（三）水稻对于中国社会的重要意义

水稻在中国的重要性不仅仅体现在其作为主食的地位，更在于它深深植根于中国传统文化和社会发展中。水稻种植不仅支撑着国家的粮食安全，还塑造了独特的农耕文化和乡村景观，如云南的元阳梯田和广西的龙胜梯田等，这些

地方由于地势险峻，传统的旱作农业难以满足粮食需求，故此依靠梯田水稻种植来解决粮食问题。

水稻种植的普及与深入，对于维护国家粮食安全和推动地区经济发展具有至关重要的作用。这种稻米文化不仅仅关系到粮食生产，更与中国人的

图4　稻谷收割

日常生活、节日庆典和文化传承密不可分。例如，中秋节人们赏月吃月饼的同时，也会有吃桂花糯米饭等习俗，显示了稻米在中华料理和传统中的重要地位。

此外，水稻作为一个重要的文化符号，还在中国的语言、艺术和宗教中占有一席之地。在中国画中常可见描绘稻田金黄的丰收景象，而在文学作品中，稻田也常被用来象征丰收和富饶。

因此，水稻不仅是一种农作物，它更是中国文化的重要组成部分，承载着历史的记忆和文化的传承。随着科技的发展和农业智能化的推进，如黔南州农科院在种质创新和新品种开发上的办法，将进一步提升水稻生产的效率和质量，为中国乃至全球的粮食安全持续做出贡献。同时，也将把这份承载千年的稻米文化继续传承下去。

📖 **知识拓展**

粮食安全的重要意义

粮食安全的重要性被中国历代领导人高度重视，体现在中国共产党和国家的政策制定和战略规划中。粮食安全不仅关系到每个国民的基本生活需求，也是国家安全和发展的核心内容。这一战略思想在党的十八大以来得到了进一步发展和深化，形成了符合中国国情的新粮食安全观，"确保谷物基本自给、口粮绝对安全"。

中国将粮食安全作为治国理政的头等大事，不仅体现了基于国家安全考虑的战略布局，也从根本上确保了国民经济的平稳健康发展与社会的长治久安。这份对粮食安全的重视是基于对国民基本生活需求的关怀，也是对国家未来发展的深远考虑。

在此背景下，加强农业科研、提高种植效率和粮食产量、优化粮食结构、保障粮食质量、实现粮食供给的可持续性，成为中国粮食安全战略中不可或缺的方面。通过推动科技进步、引进优良品种、实施智能化农业等措施，不仅可以提高粮食产量，还可以优化资源配置，减少对环境的压力，实现农业生产的绿色可持续发展。

值得注意的是，未来粮食安全的保障也将面临新的挑战和机遇。随着全球化的深入发展、气候变化的影响加剧、人口增长和消费模式变化等因素，粮食安全的内涵和外延都在不断扩展。因此，中国在继续保障粮食生产的基础上，也需要加强国际合作、促进农业技术的国际交流与合作，共同应对全球粮食安全的挑战。同时，提高粮食利用效率，减少粮食浪费，也是确保粮食安全的重要途径之一。

《粮食的故事》节选

王愿坚

我伯父家有四个男丁，几个女儿也基本上出全勤，所以总是分粮大户。当然也有惨的，像我隔山的四叔家就很可怜，一到分口粮的日子，四婶总是抱着希望到老祠堂里，却又每每空手而归，因为四叔在外乡鬼混，孩子又都小，工分根本就不够基本线，所以口粮就没她的份。

天黑的时候，四婶就搬一架木梯，登上自家墙头，一边痛哭流涕一边呼唤自己丈夫的名字，哭得每家的炊烟都飘不起来，村子里的妇人少不了要到梯子下一通苦劝。不知是什么人出的主意，说是只要做堂客的每天这样哭着呼唤一阵，男人在外面就会心慌意乱，非回乡不可。

这样一来，四婶的嗓子固然很是遭罪，村子里的男女老少也颇为凄惶了一阵，我更是每到天黑就躲到离四婶家远远的地方去。后来四婶哭累了，四叔也不见回来，口粮也没多出一颗，四婶就收了声，改在家里打孩子出气。

再到后来，四叔很荣耀地回来了，带回来一身硬气功，开砖劈石无所不能，据说还是打通了大小周天的，他的几个孩子马上就忘了饥饿这么一回事，变得神气起来。

最早听说皮蛋和蛋糕这两个词，就是从四叔家的孩子嘴里。因为四叔去过很远很远的地方，所以他毫无疑问见多识广，那么他家的孩子吃过蛋糕也是顺理成章的事，尽管我和小伙伴们有时有点不屑。

我还记得他家孩子说到皮蛋时，是在一个冬天的早晨，在他家低矮的房脊下面，那时太阳带点玫瑰红的颜色，没什么温度但感觉很暖。我们踢着小石头，怀着饥饿开始炫耀自己吃过的最好吃的东西时，四叔的大儿子提到了皮蛋，他神采飞扬的样子让我们的灵魂张开了想象的翅膀。

……

　　木制的谷铲、谷子还有水泥地摩擦在一起时，发出一种极难听的锐叫，但给我安慰的是，夏天的夕阳有一种响亮的柠檬黄，它缓缓落下时，把我的影子映在稻场下面一堵白色的墙壁上，就像是电影一般。我的影子那么清晰，那么柔和，那么久远，仿佛我已经那样表演过好几辈子。

　　课文开头的自然环境描写的作用是什么？并查阅全文，感悟文中角色对粮食的看重，总结当今节约粮食的方法。

第七节 持之以恒·罗甸麻怀隧道

一、隧道连通小康路

（一）山乡之变

位于罗甸县麻山深处的麻怀村，受自然地势限制，过去村民们只能在崎岖的山区劳作，常年生活匮乏，仅能依靠半年的粮食度日，日子过得十分艰苦。满山的石头几乎没有土壤，连养牛都无法为牛找到食物。从一年到尾，村民们饥饿难耐。

图 1　修建麻怀隧道

为了开辟通往外界的道路，自 1999 年起，在村党支部的带领下，村民共同筹集资金购买炸药和凿岩设备，集体劳动，深入山中施工，包括打孔、爆破顽石、挥动大锤和搬运石块。终于在 2001 年 2 月 20 日，村民们努力挖出了一条仅容一人通过的隧洞，之后又持续了十多年的扩建、加固和重新设计。至 2011 年 8 月 16 日，耗时改建后的"麻怀隧道"，长度 216 米，高 5 米宽 4 米，正式开通，同日首次迎来汽车通行。2014年，隧道的加固工程也全面完成。

到了2015年，在政府的大力扶持下，村中动员十户经济困难的家庭流转土地，加入养殖和种植业的行列中。多年来，这条隧道不仅极大改善了村民的交通条件，也带动了村内的物资供应，吸引了人流和信息流，极大促进了地方经济和社会的发展，助力麻怀村走向繁荣昌盛的道路。

（二）攻坚镜头

"通了通了，我们打通了！" 2001年1月28日凌晨2点多，随着雷管爆破的轰隆一声响，麻怀村开凿多时的溶洞两端同时飞起烟尘，紧接着，有人从溶洞中钻出，看着身后已经初步打通的隧道，激动地喊出了这句话。

当时正带领村民施工的邓迎香清楚地记得，听到这句话的那一刻，只记得大家眼睛里反射出煤油灯闪烁的光芒，充满希望。

"这是我第一次这么激动和兴奋。" 邓迎香说，回忆起在溶洞里冰冷的水中用铁锤钢钎一锤一锤地敲，用煤油灯一点一点地照的经历，当时的她不禁热泪盈眶。"我们麻怀人就是用'蚂蚁啃骨头'一样的决心和毅力，硬生生'啃'出了一条出山路、脱贫路。这条隧道，体现了'不等不靠，敢想敢干，齐心协力，攻坚克难'的麻怀干劲，为村民们指明了全面小康的黄金大道。"

二、罗甸劳模邓迎香

（一）贵州当代"女愚公"

1972年，在贵州罗甸县一个偏远的山区，邓迎香出生于一个贫困家庭，因家庭经济困难，她只完成了一年级的学业便不得不辍学。

到了1991年，19岁的邓迎香与外出打工的袁瑞林相识并相爱，尽管面临家庭的强烈反对，她仍然决定跟随心愿，

图2　邓迎香

嫁入麻怀村。初到这里，她发现村庄因交通不便，既无法引进外部资源，也难以将农产品运出，遂开始思索解决这一难题的方案。

1993 年，邓迎香的家庭经历了一次严重的变故。她的孩子染重病，急需医治，这使邓迎香与丈夫在凌晨时分便背起孩子前往县医院。可惜孩子途中因病情过重而去世，这次痛苦的经历让邓迎香深刻体会到了地形对于生活的制约，决心要打通这座束缚他们的"大山"。

彼时，村主任李德龙提出利用山腰的一个自然洞穴作为开工点，开始策划修建一条隧道。邓迎香作为首位响应者，带领村民开始了漫长而艰难的挖掘工作。由于设备简陋，他们不得不以手工工具进行艰苦的开凿。三年后，即 2001 年，村民们终于成功打通了一条 200 多米长的隧道。

这条隧道的建成，标志着麻怀村的交通局面得以根本改善。到了 2014 年，邓迎香被选为村主任，并带领村民成立种植合作社，种植铁皮石斛和岩黄连等珍贵药材，2016 年又被选为村党支部书记。在她的带领下，村民们陆续投入到更多高效益的农业项目，如果树栽培、黑猪养殖和香菇种植等，显著提高了村民的收入水平，吸引越来越多的年轻人回归发展家乡。

正是有了无数像邓迎香这样坚强与勤劳的人，用自己的奋斗书写着个人和乡村发展的新篇章，为国家发展贡献了微薄而重要的力量。梦想、机会与努力共同孕育了无限的可能，创造出更多美好的未来。

（二）麻怀干劲

位于滇桂黔石漠化连片特困地区的麻怀村，历来是脱贫攻坚战中难以攻克的"硬骨头"。对于麻山地区的居民来说，摆脱贫困和消除贫困的标签是他们千百年来坚持不懈的追求和梦想。通过十多年的不懈努力和坚持"啃山"的精神，麻怀村像现代版的"愚公移山"一样，成功撕掉了贫困的标签，实现了从困苦生活到幸福生活的华丽转变。这种被称为"麻怀干劲"的精神，生动展现了黔南人民对美好生活的渴望和追求。

开山拓路——从大山中迸发出的不屈精神，挖山开路永不言弃。面对艰巨任务，麻怀村村民未曾向困境低头。这种被称为"麻怀干劲"的精神是黔南地区发展新变局、书写新时代篇章的珍贵精神财富。

续力前行：摆脱贫困，麻怀村民以他们的坚持和努力为大山树立了脊梁。在共产党的领导下，麻怀村民一步步地战胜了一个又一个贫困的挑战，攻克了一个又一个困难，创造了无数辉煌。

创新与奋斗：从贫困到小康，麻怀村民用实际行动证明了"干"字的重要性。他们勇于开拓新路、探索新方法，将"幸福是奋斗出来的"这一理念深植人心，使对美好生活的向往变成了实际成果。这一过程里，每个麻怀人都是奋斗的见证者和参与者。

三、劳动者之歌

(一)《劳动的开端》节选·吴运铎

挑着煤赶路，一开头还跟得上人家，可走了不到二里就渐渐落在后头了。扁担把肩膀压得生疼，担子从左肩换到右肩，从右肩移到左肩，换来移去，两个肩膀都吃不住劲了，只好停下来歇一歇。哪知挑东西走路，越歇越想歇，越歇越觉得担子重。不一会儿又要爬山。这山原来没有路，那些人踩出来的小路滑极了，我一步三滑，肩上的煤筐来回晃荡，像是打秋千。

第二天一早，我喝了碗野菜粥，又翻过高山去挑煤。扁担一压上红肿的肩头，头上就直冒冷汗。我想应该趁力气还没使尽的时候，先多赶几步路，免得磨到天黑又误事。就咬紧牙，两脚不停，一直把这担煤挑到车站。

(二) 五一劳动节的来历

劳动节的历史背景确实源于 1886 年美国芝加哥的工人运动，这场运动因要求改善工作条件和缩短工作时间至每天 8 小时而爆发。随后，在 1889 年的第二次国际会议上，恩格斯支持将 5 月 1 日定为国际劳动节，以纪念和庆祝无产阶级的斗争与成就。此后，5 月 1 日被多个国家认定为劳动节，成为庆祝劳动人民成就和权益的一天。中国自 1949 年以来，也将 5 月 1 日设立为法定的劳动节假日，以表彰劳动的重要性和劳动者的贡献。

中华民族历来尊重劳动，无论是在物质生产还是在文化认知上，劳动都被视为一种崇高的活动。从古代神农教民耕作，到大禹的治水故事，再到现代李大钊等人对劳动价值的颂扬，都体现了中华民族劳动崇高、勤勉耐劳的传统美德。这些故事和观念不仅讲述了劳动创造物质文明和精神文明的过程，也强调了勤劳与奉献对于个人及社会发展的重要性。

劳动不仅是经济发展的动力，也是个人价值实现和社会进步的基石。劳动节这一天，人们庆祝劳动成果，肯定劳动的尊严，同时也提醒社会尊重和保护劳动者的合法权益。随着时代的发展，劳动节不仅是对历史上工人斗争的纪念，也是对所有付出努力、通过劳动改善生活的人的认可与赞扬。

知识拓展

古隧道石门

古隧道石门，作为中国古代工程技术的杰出代表，对于理解我国古代交通史和工程技术来说具有重要意义。它位于今天的汉中市北部，原本位于褒斜栈道南端，即现在的褒河水库中。该隧道的建造可以追溯到战国时期，是为了修建褒斜栈道而开凿的，而后在历代的不断修凿下最终形成了今天所知的石门。

东汉永平四年（公元61年），汉明帝刘庄为了改善栈道通行的困难决定在褒谷的一座难行之地开凿穿山通道，由当时的汉中郡太守鄐君负责实施。这个南北向的隧道，与褒谷的河道平行延伸，总长约 15.75 米，宽约 4.15 米，高约 3.6 米。其门洞长 13.6 米，宽 4.2 米，南口高 3.45 米，北口高 3.75 米。

当时，古人采用了"火烧水激"的方法来凿开这个隧道，这种技术通过先用火热山石，再用冷水急冷，使得山石因温差产生裂缝，从而逐步凿开隧道。这种原始但有效的方法显示了古代中国人在工程技术上的聪明和适应性。

北魏时期的地理学家郦道元在其著作《水经注》中对此有描述："褒水又东南历小门，门穿山通道六丈余"。这个所谓的"小石门"正是对古隧道石门的记述，表明了其在当时已经是一个重要的交通工程。

古隧道石门不仅体现了古代中国在交通、工程技术方面的发展和创新，也是研究我国古代交通史和工程技术发展的宝贵资料。遗憾的是，这一古迹现已淹没在褒河水库中，但其留下的历史和技术价值依旧是中国古代文明和智慧的重要见证。

愚公移山

太行、王屋二山，方七百里，高万仞，本在冀州之南，河阳之北。

北山愚公者，年且九十，面山而居。惩山北之塞，出入之迂也。聚室而谋曰："吾与汝毕力平险，指通豫南，达于汉阴，可乎？"杂然相许。其妻献疑曰："以君之力，曾不能损魁父之丘，如太行、王屋何？且焉置土石？"杂曰："投诸渤海之尾，隐土之北。"遂率子孙荷担者三夫，叩石垦壤，箕畚运于渤海之尾。邻人京城氏之孀妻有遗男，始龀，跳往助之。寒暑易节，始一反焉。

河曲智叟笑而止之曰："甚矣，汝之不惠！以残年余力，曾不能毁山之一毛，其如土石何？"北山愚公长息曰："汝心之固，固不可彻，曾不若孀妻弱子。虽我之死，有子存焉；子又生孙，孙又生子；子又有子，子又有孙；子子孙孙无穷匮也，而山不加增，何苦而不平？"河曲智叟亡以应。

操蛇之神闻之，惧其不已也，告之于帝。帝感其诚，命夸娥氏二子负二山，一厝朔东，一厝雍南。自此，冀之南，汉之阴，无陇断焉。

对愚公移山原文进行赏析，结合自己的感想总结愚公精神是什么？

第八节 村间艺术·荔波洪江艺术村

 阅 读 提 醒

一、大山中的诗和远方

(一)"废旧房"变身"文创房"

洪江村的故事是一个关于乡村振兴和文化保护相互促进的典范。通过引入艺术家和开展文化活动，这个位于贵州的村落实现了由传统向现代的转型，同时保留和弘扬了布依族的传统文化。这个过程中，特别值得注意的是艺术和文化如何作为重要工具，帮助提升乡村的经济状况和文化价值。

图1 文创房

2016年，贵州省教育厅派驻的第一书记马丽华的到来，标志着洪江村改变的开始。引入艺术家改造和"认养"老房的举措，不仅为村落带来了新的生命力，也为村民和访客提供了接触和学习艺术文化的机会。这种模式不仅让老房子焕发新生，也让整个村庄的风貌和环境得到了极大的提升。

艺术家们的到来，带来了外地的文化元素，但更重要的是他们对布依族传统文化的尊重和传承。从布艺文化的全面挖掘到干栏式建筑的结构分析，这些努力都是为了探索和保存民族的文化符号。这种文化深度的挖掘不仅让更多的人了解和认识布依族文化，也为村民提供了与文化相关的经济发展机会，比如传统手工艺品的制作和销售。

洪江村的转型成功吸引了国内外108名艺术家入驻，涉及多个艺术领域的创作活动，不仅丰富了村庄的文化生活，也为村民提供了新的经济来源。这种以艺术带动乡村振兴的案例，展示了文化旅游和文化产业可以如何成为乡村经济发展的新动力。

洪江村从一个贫困村变身为有着"北有宋庄，南有洪江"美誉的网红村，其过程不仅是一次经济的转型，更是一次文化的重生和传承。这一案例为其他寻求乡村振兴和文化保护的地区提供了宝贵的借鉴，证明了在现代化进程中，保持和发扬传统文化的重要性和可能性。

（二）"闲置地"变"生财地"

洪江村的实践，是一个生动的乡村振兴案例，展示了如何通过挖掘和利用当地资源，包括文化和土地资源，实现经济和社会发展的双重提升。2020年9月，荔波县选择洪江村作为试点，开展了闲置宅基地和废弃空闲地以及老旧房屋的利用和改造，这一系列措施旨在通过充分利用现有资源，为村庄带来新的发展机会。

图2　艺术村农田

通过广泛动员群众的参与，并保证过程中群众自愿、公平的参与，村"两委"成功地回收了闲置宅基地和老旧房屋。这种高度参与性和透明度的做法，不仅确保了村民的利益，也为项目的顺利进行提供了保证。老旧房屋改造项目中，价格的确定经过群众、村"两委"和艺术家的共同商定，进一步保证了公正性。

艺术家对老房进行的艺术活化装修，不仅提升了村落的美观度，也为村民提供了就业机会。这种模式有效地将艺术与乡村发展紧密结合，为村里带来了经济收入的同时，也激发了村民对文化的自信和自豪。罗昌平和莫应馏的故事，则是其中两个成功的案例，他们分别通过参与老房修复和提供技术服务，不仅增加了收入，也提高了自身技能和生活质量。

洪江村通过引导外出务工人员回流就业，参与到老房修复、农业产业和艺术服务等领域，实现了本地创收，这一模式对其他乡村提供了宝贵的经验。它展示了如何通过综合利用文化、艺术、土地等资源促进乡村振兴，实现经济发展和文化复兴的双赢。

这一过程不仅改善了村民的经济状况，也增强了村庄的吸引力，促进了文化旅游和创意经济的发展，为实现乡村振兴和可持续发展贡献了宝贵经验。

(三) 产业"开花"乡村振兴

洪江村借助其独特的自然风光和丰富的文化资源，成功塑造成为一个艺术村落。这不仅让村庄的传统民族文化得到了传播和提升，也实现了外来艺术家与当地居民的和谐相处，促进了文化和资源的双向交流。

通过激发创意和运用文化艺术的力量，洪江村在提升自身魅力的同时，也为当地农民带来了新的收入来源，并增加了农村的绿化。村里定期举办各类文艺创作活动、文化沙龙、艺术展览及教育培训等，这些活动不仅丰富了村民的生活，也吸引了更多的游客和创业者。

洪江村的转变也激励了许多外出务工的村青年返回家乡投身创业，并取得显著成功。例如，大学毕业后开设淘宝店的韦永俊不仅成功创业，还被选为村委会副主任。这种模式极大地促进了业态的发展和产业的互联，推动了产业的多元化发展，对乡村振兴产生了积极影响。

二、艺术的"洪江"

(一) 艺术家与洪江的交汇

洪江村，位于贵州省一个布依族聚集的风景优美的地方，毗邻荔波小七孔国际自然遗产风景区。2016年，贵州省教育厅派出的"第一书记"马丽华发现，村落面临严重的人口流失和许多传统老屋闲置的问题。为了振兴这个村落，她积极引入北京宋庄的艺术家群体，为村落的发展制定了艺术村转型策略。

图3　艺术村村委大会

利用村中的闲置老房和丰富的民族文化遗产，洪江村吸引了来自美国、西班牙、瑞士及中国各地的艺术家。随着艺术家们的逐渐聚集，洪江村成立了国际艺术村艺术家协会，这样不仅建立了艺术家与村民之间的联系桥梁，也为村落的文化交流与合作打开了新的篇章。

在洪江国际艺术村里，大自然和日常村落生活的景象被视作艺术展览的一部分，从树木到村民，从耕牛到山羊，这里的一切都成为艺术创作的灵感来源。此外，艺术家们在体验和吸收布依族的文化精髓的同时，将艺术作为推动乡村振兴和经济发展的一种新动力。这种艺术与文化的深度融合，不仅加强了艺术家与洪江村的互动，也促进了整个村落的繁荣和生机。

（二）带进洪江的艺术元素

一步入洪江村，便被那蜿蜒的溪水与周边起伏的青山所环绕。村中传统的居所，从古朴的二层楼房到各式各样的建筑，如土夯屋、砖瓦房、干栏式建筑，无一不展示着洪江古老而又优雅的面貌。洪江如今已经成为艺术家们心目中的理

图4　艺术村俯瞰图

想之地，他们被这里浓郁的乡村气息所吸引，将自己的作品镌刻于此，使得这

个村庄焕发出了全新的生命力，变得更加迷人。

艺术家们的莅临，使洪江村的每个角落都充满了创意和美感，他们不仅通过自己的作品与村民进行了心灵上的交流，也用实际行动美化了这个乡村，将自己对这片土地的情感渲染给了每一位到访者。洪江村的转变，见证了艺术与自然环境的完美结合，为村落未来的繁荣发展注入了新的活力和希望。

（三）艺术改造乡村的丰厚意蕴

图5　艺术村墙

在当前国家积极推动乡村振兴战略的大背景下，文化艺术的融入无疑成了塑造未来乡村的关键手段。这不仅是追求美好生活的必经之路，还是传统与现代交融的生动展示。当艺术走进乡村，帮助这些地区焕发新貌，原先的萧条逐渐被繁荣取代，传统与现代的结合为村落带来了更加立体和丰富的形象。

实施以艺术为驱动力的乡村振兴计划，通过艺术的介入来美化农村环境、推动产业进步、促进文化发展和提升社会文明，是实现乡村振兴的一种行之有效的策略。这种策略不仅体现在具体的成果上，更表现在过程的每一个细节，如艺术的赋能、社区的共建共享和文明风尚的培养。

乡村的兴旺直接关联到国家的繁荣，反之亦然。在全面建成小康社会和推进社会主义现代化国家的进程中，乡村振兴无疑是最具挑战和潜力的领域。

艺术介入乡村的过程中，始终坚持"以人为本"的原则，既保留了老一辈的记忆中的那份乡土情怀，又注入了新时代的活力，从而激发了乡村居民的活力和动力。站在新时代的路口，我们每一代人都应接力前行，深刻理解乡村振兴的重要性和紧迫性，积极参与其中，为中华民族的伟大复兴贡献力量。

布依族服饰

布依族服饰是布依民族丰富多彩的文化传统的一部分，深受民族历史、地域气候和文化习俗的影响。布依族文化起源于古代百越，民族服饰因此保留了许多古老的文化元素。

布依族的男女着装风格各异，通常偏爱蓝、青、黑、白等颜色的布衣。年轻的男性常佩戴头巾，身着对襟短衣或大襟长衣配以长裤，而老年男性则普遍穿着对襟短衣或长袍。女性服饰因地而异，有的地区的妇女穿着蓝黑色的百褶长裙，喜欢绣花或用白色毛巾包头，佩戴银质首饰如手镯、耳环、项圈等。在惠水、长顺地区，女性则穿大襟短衣配长裤，腰间围绣花围兜，头裹方格布巾。

布依族妇女有佩戴银手镯或骨制手镯的传统，此外还有戒指、银簪和项圈等饰品。一些长者坚持传统风格，身着无领对襟短衣，下穿蓝黑色百褶长裙，衣服装饰有绣花与滚边，脚穿精致的翘鼻花鞋，这种服装集纺织、印染、挑花和刺绣技艺于一体。年纪稍轻的妇女则可能用白色毛巾代替传统包头，改穿有领的大襟衣，服饰上的细节仍保留古老风格，如袖口的古典设计。她们的服装通常更为简洁、典雅。

布依族的未婚女青年的服饰在细节上与中年妇女类似，但她们更倾向于在头饰上镶嵌鲜艳的花纹，特别是在节日和宴会期间，她们会佩戴各式各样的银质装饰，如耳环、戒指、项链和发饰。

布依族的服装纹样通常与农耕文化息息相关，流行的图案包括植物和与农耕相关的动物图样，以及各种抽象图案，如三角纹、菱形纹、方格纹等，这些图案均具有高度的装饰性和艺术价值，体现了布依服饰文化的独特美学。

📖 **阅 读 任 务**

文化兴村

文化在乡村振兴的过程中扮演着核心角色，其创新和传承是关键步骤。首先，加强对物质文化遗产如古建筑、遗址的保护和活化利用非常重要。依托历史文化的名镇名村，结合现代技术手段，可以更好地修复和保护这些文化瑰宝。其次，非物质文化遗产如传统技艺和习俗也需通过创新方式进行传承，使之与现代文化市场紧密结合，更好地服务于现代社会。此外，深挖和发展农耕文化的内在价值，将其理念和精神融入当代乡村振兴，可培育正面的乡风和民风。

在乡村建设中，文化创意的融入是塑造现代乡村风貌的关键。例如，在建筑设计中保留传统元素的同时，引入创新元素，让乡村建筑既展现历史韵味又不失现代美感。在基础设施建设中，将文化元素融入设计，能够提升乡村的整体美感和文化氛围。此外，建设具创意的文化社区设施，如文化馆、图书馆等，不仅优化了居民的生活环境，也丰富了乡村的文化生态。

从更广泛的视角来看，乡村的文化价值在于其能够与经济价值共创共享。将特色文化与乡村建设紧密结合，可以突出乡村的独特魅力。此外，将特色文化与农业、制造业等产业结合，可以提升产品的文化附加值，满足消费者对个性化、差异化产品的需求。同时，将传统文化与现代文明融合，促进其创新性发展，是确保文化永葆活力和持续吸引力的关键。通过这些维度的综合施策，不仅能够促进乡村经济的发展，更能加深人们对乡村文化的认同和热爱，从而实现文化和经济的双赢。

乡村振兴离不开乡村文化振兴，请你通过阅读上述资料，结合麻怀隧道实际情况，创作一句乡村文化振兴的标语。

📖 章末总结

贵州省，作为一个以农业人口为主的大省，面临着其农村发展水平不高的挑战。在这种背景下，促进新农村的发展迫切地成了社会发展的核心议题之一。因此，针对新时代的背景，加强农民核心价值观的培养显得尤为重要，这对于实现新时代下新农村的建设具有重要意义。

请你就如何解决这一问题，以期实现贵州省新农村建设步伐加快，助推经济发展的目标，展开更进一步的调查，并将调查结果呈现为实践报告小论文。

第六章 发展美